やってみたらええやん

パラ馬術に挑んだ二人

和田章郎

〝びわこウォーキング〟の道中
© 正木徹

三賢社

トレーニング前の馬装チェック

決戦を前に、馬事公苑の厩舎棟馬房前にて

オランダの牧場で、二人並んで

第４回全日本パラ馬術大会、個人戦の優勝インタビュー ©正木徹

リオパラリンピック演技終了後

やってみたらええやん

パラ馬術に挑んだ二人

カバー写真：東京2020パラリンピックで、フリースタイルの演技を終えた
宮路夫妻とチャーマンダー号（©JRAD）

ブックデザイン：西 俊章

◉目次

セカンドバースデー

序章

2021年7月7日。東京、日本財団ビル2階大会議場。東京2020パラリンピック大会パラ馬術代表選手の記者会見が行われた。

日本障がい者乗馬協会（JRAD）会長の嘉納寛治《かのうかんじ》氏の挨拶に続いて、代表チームの紹介があり、三木則夫《みきのりお》監督が挨拶に立った。その冒頭に触れられたのは、日本のパラ馬術界のパラリンピックにおける歴史だった。

1996年のアトランタパラリンピック大会から正式競技として採用されたパラ馬術競技。日本が参加したのは2000年のシドニー大会が最初だが、以降、2016年リオデジャネイロ大会まで5大会連続で参加。自国開催となる東京大会が6度目の参加となる。そこに4人を代表として送り出せることを誇らしく、かつ力強い言葉とともに語った。

馬術競技はオリンピックでもパラリンピックでも、欧米諸国が圧倒的に強い。実力面の比較での劣勢は否めず、そもそも〝障がい者乗馬〟という競技の認知度も欧米とは雲泥の差がある中で、日本パラ馬術界の灯の継承は常に危機的な状況を強いられてきた。それを多くの先人たちの頑張りで凌ぎ、タスキをつないできた。三木監督の「連綿と続いてきた活動を受け継いで、しっかりした成績を残してほしい」という言葉には、そのことへの自負があったに違いない。

その歴史を振り返った時、最大のピンチが前回のリオパラリンピック大会で訪れた。

国としての出場枠はなく、開催地が地球の裏側のブラジルとあっては、参加に意欲を示す選手がなかなか現れないのも無理はない。個人の出場枠を取得する大会への最終エントリー期日が迫る2015年。その年明けの時点でも候補者はゼロ。そこへ手を挙げたのが、元JRA調教助手の宮路満英《みやじみつひで》だった。

2005年に脳卒中に倒れ、07年に調教助手を廃業。リハビリの過程で馬と再会し、本格的にパラ馬術の世界に身を投じて、まだ5年ほどのキャリアだった。出場枠をどう取るのかさえ理解できておらず、まさに〝徒手空拳《としゅくうけん》〟の体だったが、紆余曲折の末に出場を果たし、日本パラ馬術界のパラリンピック大会連続参加の灯をつないだ。

そして、東京2020大会に連続出場。63歳は選手団全体で2番目、男子選手に限れば最高齢での出場となった。

日本財団パラリンピックサポートセンターのホームページには、各選手のプロフィールが掲載されていて、宮路のニックネームは〝みやじぃ〟と紹介されている。誰が付けたのかは定かではない。JRA栗東トレーニングセンターの仲間たちが言い出したのか、それ以前からなのかはわからない。とにかく若い時分から、〝みやじぃ〟と呼ばれて親しまれてきた。

東京大会におけるパラ馬術競技の連続出場には、そうした人々との出会いが大きく関わっている。そして日本人選手として21年ぶりの入賞を果たすことになる。

その快挙の陰に、日々の生活を支え、競技中は選手をサポートするコマンダーとして、ともに戦ってきた妻、裕美子《ゆみこ》の存在があったことを抜きには語れない。


記者会見の終盤。

「お二人はお互いの存在を、どのように感じているか」

といった趣旨の質問を受けた。すると満英、

「僕にとっては、まず馬が一番です。馬がおって今の自分がありますよ……」

と話し出す。

(あぁ、またこれや)

心の中で冷静に受け止めて、自分にマイクが回ってきた裕美子が補足する。

「病気の後遺症で右半身が麻痺してるし、あと言語障害もあります。それだけやのぅて、記憶力や判断力に影響のある高次脳機能障害の症状もあって。そやから、今みたいに質問に対して適当な答えがすぐに出てこないようなところもあるんですが……」

と軽く笑いを誘っておいて続ける。

「この人のおかげでヨーロッパの大会やブラジルでのパラリンピックを経験させてもらえました。今回は日本で開催されるパラリンピックにも出場することができますし、ホンマに感謝しかないです」

話し終えて係にマイクを返した時に、ふと頭をよぎったことがあった。

（そうか、今日は7月7日。明日で、あの日からちょうど16年目になるんやな。16回目の誕生日祝いをせんと）

あの日とは2005年7月8日。それ以来、毎年バースデーケーキを用意して、ささやかに誕生日を祝うようになった。

「もう一度、新しい命を授かった日」として、夫婦はその日を、『セカンドバースデー』と呼ぶ。

第1章

発病

早朝の栗東トレセン

2005年7月8日。脳卒中が満英を襲ったその日は、妻、裕美子が退院する日だった。若い頃から目が悪かったところに、40代を過ぎて飛蚊症《ひぶん》の症状が出始める。長年患うことになるが、その定期健診を3年近く怠っていて、久しぶりに病院に行くと「網膜はく離の恐れがある」と診断されて、すぐに車いすに乗せられた。翌日、ゴルフの予約を入れていたくらいだから、思いもよらない急展開に戸惑ったが、「運動なんてとんでもない」と医師から一喝されて即入院。レーザーを使った治療が施され、2週間ほどの絶対安静が課せられる。そしてようやく退院の日を迎えたのだった。

その未明。なかなか寝付けず、ぼんやりとまどろむ間に妙な夢を見た。

「そんなこと滅多にないんですけど、ずっとウトウトしてて。そしたら急に、誰かに頭をポカッと叩かれたみたいにして目が覚めたんです。夢に出てきたのは、私の父やったかな、みたいに思ったんですけど」

そうこうしていると5時30分過ぎ。ナースステーションの電話が鳴った。看護師の足音が近づいてくる。

「悪い予感というか、数秒の間でしたけど物凄い嫌な気分でした。身構えている私のところに女性の看護師さんが来て、〝ご主人が病院に運ばれたらしい、電話に出てください〟と。受話器を取ると、従弟の嫁が、〝姉ちゃん、落ち着いて聞いてや〟と言うので、とっさにあの人が馬から落ちたんやろか、と思いました。でも、よくよく聞いてると実際はもっと悪くて、脳から出血したらしいと……。頭が真っ白になったというか、その後はどんなやりとりをしたのか、自分が何をしゃべったのか、覚えてないんですよね」

とにかく入院中のこと。とりあえず外出の手続きをして、タクシーを呼んでもらった。「何の因果で自分が退院する日に」と思うような余裕はなかったが、草津総合病院（現・淡海《おうみ》医療センター）に着いたのは8時30分過ぎ。思いのほか時間を要したのは、茫然自失の精神状態の中で、移動に「まどろっこしいほど」の手間を要したからだったが、とにかく、満英のもとに駆け付けた時にはすでに手術は始まっていた。執刀を担当した脳神経外科の松村憲一《まつむらけんいち》医師が、術後の経過を知らせに姿を現したのは午後2時を回った頃。その時の説明内容は、スムーズには頭に入ってこなかった。

「あとで聞いたら、落ち着いているように周りには見えてたみたいなんですけど、何がどうなっているのかわからなくて。ただ呆然としてただけやと思います」

ひと口に「脳卒中」と呼ばれる脳の血管の血流障害による疾患は、大きく「脳梗塞」、「脳内出血」、「クモ膜下出血」に分かれる。満英の場合は左脳内出血（被殻出血）だったが、裕美子がその病名を冷静に、しっかり頭に染み込ませることができたのは、かなり後になってからのことである。無論、医師が〝今後〟について口にした説明内容を理解できたのも。

さて、当の満英がどうだったかというと、その日の朝も3時過ぎに起床。所属する栗東トレーニングセンター（JRA・日本中央競馬会のトレーニング施設）の森厩舎に向かって、調教助手として担当する馬の調教に騎乗する、はずだった。

金曜日は通常、週末のレースに出走する予定馬の調教を行う日ではないものの、起床時間からその後の行動パターンまで、いつものスケジュール通りに進んでいた。

ところが厩舎に着いて、朝の挨拶をするかしないかのタイミングで、いきなりスタッフ数人から、

「みやじぃ、さっきからなんかフラフラしてんで。ちょっと休んどき」

と言われる。

自分ではまっすぐ歩いているつもりで、まったく自覚はなく、「何を言うてんねん」くらいに思っていたら、すぐに目の前がクラッとなった。

「あれれ、と思いました。倒れた時には意識はあったんですよ。スタッフがトレセンの診療所の救急車を呼んでくれた時も、それこそ駆けつけてくれた救命士に、運んでもらう病院について話をした記憶もありますから。ただ、その後のことはまったく覚えてなくて……」

臨死体験からの蘇生

目が覚めたのは約4週間後。ＩＣＵから〝重症部屋〟と呼ばれるナースステーションのエリアの一角に移動してからのことだった。

そのＩＣＵで昏睡状態にあった時に、満英は不思議な夢を見た。もちろん、意識を取り戻してから何日かが過ぎ、自分の置かれている状況をある程度、理解できるようになってから思い出したことであるが。

「どこかはわからないんですが、お花畑が広がっていて、川が流れている広い場所に立ってるんです。で、川を渡った先に女性がおって、手招きをするんですよ。何やろな？　と思って歩き出したんやけど、目の前のこの川を渡らんといかんのか、と迷ってたら、後ろからやってきた別の女性に引っ張られて、〝あんたはここで引き返しぃ〟と言うんです。言われるままに戻ったんですけど……」

いわゆる〝臨死体験〟のひとつだったのかもしれない。引きとめたのが誰だったのかは、「その時ははっきりわからなかったんですが、今考えればやっぱり裕美子やったんでしょうね」と言う。

手術後、包帯で頭部をグルグルに巻かれ、ベッドに横たわっている満英の脳内で、そんなことが起きていようとは、それこそ裕美子は夢にも思わない。当然だった。

「一体何が起きたんやろ、ということばかりが先に立って……。手術がうまくいって、命は助かったんだな、ってことだけはわかったんです。だけど、この後、どうなるのかなんて考える余裕はなかったです。ずっと頭の中が真っ白になった状態で、考えを整理するなんてとてもとても……。とにかく現実感がなかったですね」

おとなしくベッドに寝ている満英の姿を見ても、

「本当にこのまま目が覚めへんの？　嘘やろ？」

と繰り返して思うばかり。とにかくすべてが信じられなかった。

その日からの三日三晩。いろいろな感情が入り混じる。そのうちに松村医師が術後に説明してくれた言葉も、少しずつ、そして次第にはっきりと思い出されてきた。

「意識が戻らない状態で寝たきりになるか、目が覚めても言葉が出るまでに回復するかどうか。いい方に考えても、車いすの生活になることだけは覚悟しておいてください」

絶望的な言葉だけが思い出された。そのうえで、

「まだ47歳やのに、本当にこのままなのだろうか。もし目が覚めても、寝たきりになったり、まともに会話ができなかったりするんやろか。まだ家のローンは残ってるし、二人でどうやって生活していけばいいのか。とにかくもう、いろんなことが……いうても悪いことばっかりですけど、頭の中でグルグル巡りました」

そのうえ発病後の数日間は、自分自身に対しても情けなく感じてしまう。というのは網膜は

く離の治療直後で、本来ならばもっと長い安静期間が必要なところ。当然、車の運転は禁止されていたから、自宅と病院の行き帰りすらも人に助けてもらわなくてはならなかったからだ。親、兄弟、従妹らが協力してくれることを有り難く思う一方で、この先、あらゆることが人頼みになってしまうのか、と余計な妄想が膨らむと、将来はもちろん不安になったけれど、それ以上に現在の、自分のふがいなさが腹立たしく思えてくる。

「病院に行ってもすることがないでしょう。家に帰って一人になって、寝ようとしても眠れない。とりあえず横になってみても、全然気持ちが落ち着かずに、イラついてすぐに身体を起こしてしまって、寝るどころやないんです。最初の3日くらいは一睡もできなかったです。しまいには、本当にこのまま起きてこないというなら、体中に付いている人工呼吸器とか点滴とかの管を全部外してしまって、この人を死なせてから自分も後を追って一緒に死んでしまおう、なんてことを真面目に考えるようになってました」

夫を病院に置いて自宅に帰って過ごす一人きりの夜。冷静な判断など、とてもできなくなっていたのだ。

それでも数日後、親しい知り合い（当時日常生活や身体のことまで、何か事が起きるたびに相談していた相手）に久しぶりに会って話を聞いてもらうと、張り詰めていた緊張感が一気に緩んで、ほとばしるように感情が噴き出した。自分自身に長年患った目の病気があり、その検査を怠ったことによる入院。そして退院する当日に満英が倒れたこと、その直後から感じた将来への不安。また、折れそうになる心を気遣ってくれる周囲のまなざしすらも、徐々に重荷になっていってしまったこと……。近しい者には、逆になかなか言えないようなことまで、言葉が口を突いて出た。そして、周りにたくさんの人がいる場所で号泣した。

「いい大人が人前であんなに泣くか、みたいな感じやったと思います」

その後で気がついた。満英が倒れてから、初めて泣いたのがその時だったことに。さんざん泣いて、心の中に燻《くすぶ》っていた思いを吐き出すことができると、それまでのモヤモヤが嘘だったように晴れて、気持ちが楽になった。そうして、いくらかでも冷静さを取り戻す。

「あの人はきっと目を覚まして、もとの仕事に戻れる。これまで通りキャンピングカーに乗って、毎年楽しみにしていた北海道への旅行にも行けるようになる。当然や、絶対。そんなふうに思えるようになったんです。気の持ちようというんでしょうか。その日の夜、家でテレビを見ながら晩ご飯を食べていたら、自然に眠たくなって。そのまま倒れるように寝ることができました。そんなして眠ることができたのは、手術後、10日近く経ったその夜が初めてやったと思います。そうそう、キャンピングカーでの旅行と言えば、前の車が古くなって、少し大きいサイズのものに買い替えたんです。その納車日が、あの人が倒れた日やったんですよ」

２００５年7月8日が二人にとって、大きな人生の分岐点になったことは間違いない。それまでは普通に……いや順風満帆に、楽しく過ごせていたのだ。

そう、その日までは――。

第2章

ＪＲＡ調教助手時代

出会い

満英は1957年10月29日、鹿児島県の出水《いずみ》市に生まれた。3歳の時、父親の仕事の関係で大阪市に引っ越すことになったから、すっかり〝大阪の人〟ではあるが、どこかに鹿児島人特有の鷹揚さ（というのか、ざっくりと九州男児と言っていいのか）を感じさせる雰囲気がある。

若い時分から人懐っこく、いろんなアルバイトをしては「分不相応なお小遣いを手にしていた」といい、行動パターンも派手だった。

そんな高校2年の時、初めての北海道旅行で馬と出会う。「かわいい動物」とは思ったが、その時に馬の仕事につこうとは思いもよらなかったし、だから自分の将来に、これほど馬が関わることになるとは、まったく想像できないことだった。

裕美子は1958年1月24日、大阪生まれ。早生まれだから満英とは同学年になる。といっても、近くに住んでいたわけではなく、子供の頃からの接点はない。出会ったのは高校生になってからだった（高校生が子供であるかないか、の議論はさておくとして）。

裕美子は高校時代にソフトボール部に所属した。いや、所属したという以前に、所属するためのソフトボール部を創設したメンバーの一人だった。

「もともと中学時代からソフトボールをやってたんです。けど、入った高校にソフトボール部がなかったもんですから。え〜？　続けたいのに何で？　と思って。しゃあないから友達と一緒になって、学校にかけ合って作ってもらったんですよ。なんですかね、一度したいと思ったら、しなきゃ気が済まない性分なんですよね。うちの高校、結構強くて、大阪府の大会でベスト8とかまでいったんですよ」

この裕美子の行動力と意思の強さ（したいと思ったら、しなくては気が済まない性質）は、その後の生き方にも一貫している。そしてまた、裕美子がスポーツが好きで、得意だった、ということが、後にリハビリに向き合い、馬術競技に取り組むことになる満英にとっては大きな助けとなる。

ところで、その裕美子のソフトボール部のチームメイトの一人が、満英の中学時代の友達だった。つまり部そのものの創設に関わった裕美子は、自らの手で未来の伴侶との出会いを手繰《たぐ》り寄せたことになるのかもしれない。だが、そんなことを当時は知る由《よし》もない。

ともあれ、１９７０年代半ば（昭和50年前後）のイメージでいう「グループ交際」だったのかどうかはわからないが、「何とはなしに集まって、一緒に遊びに行こう、みたいな話になって」が最初の出会いだった。

「第一印象ですか？　なんか生意気そうなやっちゃなあ、という感じでした。絶対、気は合わんやろう、と」

と満英が言えば、

「着てるものとか、態度とか、特にチャラチャラしてるとかじゃなかったけど、どこか浮ついてる感じで……。いい印象はなかったなあ」

と裕美子。

夫婦の初対面での第一印象というのは、えてしてそういうものかもしれない。それでいて、付き合い始めるのに、そう時間はかからない。これもまた、長く連れ添う夫婦にはありがちなことかもしれない。

だから後日、

「お前は俺の嫁はんになる運命や、言うてたやん」

「そんなこと言うたかな」

「言うてたよ」

「そうかなあ」

といったやりとりがあったが、細かいことはさておくとして、惹《ひ》かれ合ったことについては、

「成り行きみたいな感じでしたよね」

と声を揃える。そして少し間を置いて、二人の性格の違いを分析して裕美子が補足する。

「私はどっちかいうたら社交的やのうて、人見知り。いろいろ経験してきて、トシもとって、今はこうして普通にしてますけど、もともとはそうなんですよ。けどこの人は逆に、誰とでもすぐに仲良くなれるんです。危なっかしく思う時もあるんですけど、全然知らない人でも平気で、気軽に声をかけたりして、いつの間にか親しくなってるんです。一緒に外出していて、

え？　この人誰？　とか思うことが結構ありましたよ」

それぞれの弱みが、お互いの長所で補完される、といった関係性が成り立ったのかもしれなかった。が、それは結婚後に思い至ったこと。付き合い始めた当初は、裕美子目線でいうと呆れることばかりだった。

「とにかく、めちゃくちゃやったんです。バイトして稼いではるでしょう、羽振りがええというのか、お金の使い方がね。朝寝坊して学校に遅刻しそうやいうたら、タクシー乗って行ってはったんです。高校生がタクシー通学ですよ。着てるものもどこかピシッとしてなくて、派手というか、だらしないというのか。ホンマに、若い時にお金回りがええとロクなことはないです」

主婦の顔で続ける。

「高校を卒業してからも、営業系の仕事でいろいろ職場を替えはって。でも、こういう人当たりのいい性格やからか、どこでも可愛がってもらえて稼がはるんです。それがまた簡単に見えてしまうんですよ。こんなんでええのやろかと思えるくらいに」

高度成長期が終わり、バブル景気の到来前。社会全体の景気としては微妙な時代だったが、自動車販売会社に勤めるとセールスの成績は悪くなかったし、保険の外交員としてもお客のウケが良く、契約を取るのにあまり苦労したことはなかった。職を転々と替えながらも、そういうことが続くのを見たうえでの裕美子の心配だったが、あながち的外れでもなかったようで、

「あまり仕事に身が入っていない状態だったことは確かやったと思います」

と満英も認める。

同級生である裕美子はと言えば、高校を卒業後、地元の相互銀行に2年勤めた後、スポーツ用品会社に転職すると、堅実な仕事ぶりが評価されて、倉庫の経理一切を任されるようになっていた。それだけに、余計に満英の働きぶりが気になったのだろう。

「やっぱりしっかりした仕事をしてくれないと困るじゃないですか。それできつく言うたことはありました」

付き合い始めて3年が過ぎ、結婚を意識し始めた頃のことだった。

少しは将来を考えるようにと焚《た》きつけられた満英、それほどプレッシャーを感じたわけではなかったが、ある日、ふと手にした新聞広告に目を留める。

〝ボートレーサー募集〟

の文字があった。

競艇は知ってはいたが、特に興味があったわけではない。しかし瞬間的に、

「面白そうやな」

そう思った。

すぐに応募要項を取り寄せ、必要書類をまとめて養成所への入所願書をポストに投函しようとしたまさにその時、声をかけた男がいた。

「おおっ、久しぶりやな。何してんのこんなところで」

中学、高校時代の同級生だった。特に親しくしていた間柄でもなかったが、願書を投函しようとした手を止めて、事の経緯を立ち話で簡単に説明した。すると、

「そんなんやったら俺と一緒に来るか。知り合いの伝手《つて》を頼って北海道の牧場に行こうと思てるんや」

と誘ってくれた。

「北海道の牧場か……」

数年前、初めての北海道旅行で馬に触れた時の記憶が鮮やかに甦《よみがえ》った。

「それ悪うないな。ほなそうさせてもらおうかな」

ということで瞬時に方向転換。ボートレーサーを目指すプランは没にして、同級生と一緒に北海道に向かうことにする。

「これね、嘘みたいなホンマの話なんですよ。あいつと郵便ポストの前で、あのタイミングで会うてなかったら、今の自分はなかったかもしれません」

と真顔で言う。

それは確かにそうかもしれない。ただ、裕美子が満英の行動パターンについて〝めちゃくちゃ〟と言うのが頷けるエピソードのひとつでもあるだろう。「ボート選手になる」と願書を手にして家を出たと思ったら、その足で帰ってくるなり「北海道の牧場に行くことにした」と何

食わぬ顔で言うのだから。

その同級生というのは小林眞治。後年、JRA栗東トレーニングセンターの松田国英《くにひで》厩舎に所属して、2002年の日本ダービー馬タニノギムレットを担当することになる調教助手である。

ともあれ、そうして二人が向かったのは、北海道沙流《さる》郡門別町にある〝優駿牧場〟だった。そこで「馬には乗ったことはなかった」満英の、ホースマンとしての人生が始まる。

優駿牧場での修行

優駿牧場はユニークな修行の場だった。

その成り立ちには、栗東トレーニングセンターで開業していた内藤繁春《しげはる》調教師が深く関与している。

1960年代末、内藤は懇意にしていた門別の牧場主に「別荘地」として勧められた土地を牧場として使うべく、交渉を重ねた末に購入することになる。現地での協力者も得て、直接の管理を任せる形で1968年に開場した。つまり、深く関与したというよりも、自分で設立した牧場であり、事実上の所有者であった。今で言う育成牧場(競走馬のトレーニングに特化した施設)の〝はしり〟と言えるが、優駿牧場が「ユニークな修行の場」だったというのは、馬の育成だけにとどまらず、将来、トレセンで働ける人材を養成する研修施設としても機能させていたことだった。満英の同期には前述の小林（助手）だけでなく、石坂正《いしざかせい》（ジェンティルドンナ等を管理した元ＪＲＡ調教師）もいたし、森秀行《もりひでゆき》（のちに満英が所属することになるＪＲＡ調教師）のほかにも、優駿牧場出身のトレセン関係者は少なくない。

また、開場からほどなくして、繁殖牝馬も受け入れるようになる。つまり競走馬の調教と、人材の育成だけでなく、競走馬の生産まで手掛けることになったわけだ。ＪＲＡの競馬学校が設立される前の時代のこと。だからこそ、内藤にしてみれば自前でスタッフを育成する意味合いもあったのだろうが、まったくの初心者だった満英にとっては、競馬の世界を学ぶのにこれ以上ない理想的な環境と言えた。

そこでは、〝先生〟にも恵まれた。

後に調教助手として数々のＧⅠ馬の調教に跨《また》がることになる満英も、厩舎スタッフとして働くための第一歩は、馬の扱い方から始まる。馬房の掃除、寝ワラの敷き方、干し方等々。つまりは普段の世話の仕方、である。乗り方についてはその次の段階だ。当時、そうしたことの右も左もわからなかった満英に、一から手ほどきしてくれたのは、かつて大阪府に存在した長居と春木の両競馬場で調教師をしていた人物。

「僕の最初の馬乗りの師匠は河内《かわち》さんのお父さんです」

と満英が言うその人とは、ＪＲＡの元騎手で、現調教師である河内洋（ＪＲＡ顕彰者）の父、河内信治だった。

河内信治は長居競馬場で調教師のキャリアをスタートし、長居競馬廃止を機に春木競馬場に移籍。その春木競馬が廃止されるタイミングで調教師を廃業し、請われて優駿牧場で後進の指導にあたっていた。そこへやってきたのが20歳を過ぎてまもない満英だった。

もともと素質があったのか、小器用なのかはわからない。が、河内の指導のもと、馬乗りとして一人前になるのも、それほど時間はかからなかった。

ところが、ここがまた満英の面白いところだが、牧場の仕事を覚えるつもりで北海道に渡ったものの、本人自身は「いずれはトレセンで仕事をするんだ」という強い意志を持ち続けたわけではなかったようだ。

「優駿牧場におった時はホンマに楽しかったですからねえ。馬に乗るのは当然ですけど、普段の世話をするのも、繁殖の手伝いをするのだって楽しかった。何から何まで新鮮やったしね。そのうえ収入も安定してるし。このままこっちに住みついて、牧場のスタッフでおってもええなあ、くらい思いました。とにかく北海道はええとこですよ」

というくらいに嵌《は》まってしまった。

思い返してみると、高校時代のアルバイトといい、社会人となって転々とした営業職での仕事ぶりといい、その都度、満英は明るく、前向きにこなしていた姿がイメージできる。修行しているはずの牧場でも、自分が置かれた環境を全面的に受け入れて、周囲に馴染み、楽しんでいたに違いない。裕美子も「あの人は誰とでも、びっくりするくらいすぐに打ち解けることができるんです。そういうキャラクターなんやと思います」と言うように、これは性格というものではなく、持って生まれた性分……いや才能の一種なのかもしれない。

とはいえ、そんな話を大阪に居て、電話で聞かされる裕美子にしてみれば、気が気ではなかっただろう。ゆくゆくは結婚するためにきちんとした仕事を、そう思って北海道に旅立たせたはずなのだから。

「北海道で仕事やなんて、こっちとしては〝冗談やないっ〟ですよ。ちゃんと戻ってきて働いてもらわんと」

となるのは当然である。満英の口にしたことがたとえ冗談半分だったとしても。

結婚、トレセンでの生活

ボートレーサー養成所に入るための願書を送ろうとして、郵便ポストの前で思いとどまった日。それから優駿牧場に来て、３年になろうかという月日が流れた。決められた研修課程があったわけではないが、そろそろの頃合いではあった。

そして、いよいよ栗東トレセンに移動する日がやってくる。調教助手として、厩舎での仕事がスタートすることになった。お世話になった優駿牧場の人脈を考えれば、内藤繁春厩舎に行くことになるものとばかり思っていたが、紹介されたのは宇田明彦《うだあきひこ》厩舎。宇田と内藤とは昵懇《じっこん》の間柄で、太いパイプがあった。競馬学校が開校する2年前のこと。１９８０年だった。

その翌年、１９８１年の11月に満英、裕美子は結婚。仲人は宇田調教師夫妻が務めた。

満英24歳、裕美子23歳。

「父には反対されたんですけど」という裕美子が結婚に踏み切ったのは、「優駿牧場で過ごす期間は、当初は3年の予定やったんです。３年間しっかりと牧場の仕事ができるのなら、（結婚相手として）まあ大丈夫かな、とは思っていたんですよ。それが2年とちょっとで帰ってきましたから、思っていたよりは早かったんですけど、トレセンに入ってからの仕事もちゃんとこなしてたみたいやったんで」ということだった。

しかし、結婚生活はそのスタートから波瀾含み（？）だった。

披露宴の直前に、満英は他厩舎の馬の調教を頼まれて騎乗するが、落とされて右足を骨折。両脇に松葉杖をついての式となる。記念写真は満英が椅子に座り、裕美子が立った姿で撮影された。そんな状況だから、グァムへの新婚旅行も1年延期となった。

「ホンマにこの人、ここ一番で必ずしでかしてくれはるんですよ。いっつもです」

と裕美子は怒るやら情けないやら、苦笑いする。

それはそれとして、まだトレセンに来て1年程度の調教助手が、他厩舎の馬の調教を任されていた事実に、軽く驚かされる部分もなくはない。かりに週末に出走予定がなく、脚慣らし程

満英が椅子に座り、裕美子が立っての記念撮影

満英は直前に右足を骨折。
松葉杖をついて式に臨む

度の軽い調整だったのだとしても、だ。

どういうことかと言えば、競走馬は馬主が所有していて、その管理を調教師に預託し、その報酬として調教師は相応の預託料を取る。レースに出走することで得られる賞金（収入）はあくまで結果次第であり、基本的な厩舎運営は、馬主とのこうした形態が中心に行われる。つまり厩舎サイドからすると、馬は単なる馬主の愛玩動物ではないどころか、お得意様からの大切な預かり物、いや特別な〝貴重品〟だと言っていい。

だからこそ、なのだ。

この場合の満英は、調教を任せる厩舎サイドからみると、他厩舎の、それもキャリアの浅い若い衆に過ぎない。その彼に〝大事な預かり物〟を扱わせるというのは、それなりに信用されていなければ成り立つまい。

「いやぁそんなんやないと思いますよ。怖いもん知らずというか、僕、空いてますよぉ～、乗ります乗りますっ、みたいな調子やったんやないかなあ」

持ち前の人懐っこさを生かしたやりとりがあったうえでのオファーだったのかどうか。本当のところは、今となっては確かめようがない。

いずれにしても、仕事の方は順調にこなした。それこそ早い時期に担当を任された馬にグローバルダイナがいた。

グローバルダイナは父ノーザンテースト、母グローブターフ（その父パーソロン）の鹿毛の牝馬。父ノーザンテーストはカナダ生まれの競走馬で、現役時代にフランス、イギリスで活躍。1975年に種牡馬として日本に輸入された後、数々の記録を打ち立てた。母の父パーソロンも七冠馬シンボリルドルフを輩出している。

競馬はしばしば〝血のスポーツ〟と呼ばれる。人間の配合によって生まれたサラブレッドだからこそ、その血統こそが重要なファクターとして位置付けられる。その意味でグローバルダイナは、満英にとって初めて担当する良血馬と言って良かった。

しかし、そういった血統面の背景とは関係なく、

「おとなしくて扱いやすい馬でした。たった一度だけ、小倉競馬場でしたけど、調教中に手《た》綱《づな》を引いている自分に、やたらと突っかかってくることがありました。5分くらいやったかなあ。怒ってる感じで。たまにそういうことがあるとかではなくって、あの1回だけ。いま思っても、あれは不思議でしたね。その時以外はずっといい子でしたから。だから、なんや可愛いてね。つきっきりで世話するのが苦じゃなかったです」

と振り返る。

グローバルダイナはデビューこそ遅かったが、1983〜85年の4〜6歳時（旧年齢・以下同）に26戦して7勝し、重賞は3勝。GⅠは未勝利だが、3度走って4歳時のエリザベス女王杯3着。5歳時と6歳時の宝塚記念でそれぞれ3、5着と健闘した。重賞勝利のすべてを挙げた6歳時には高松宮杯でも2着し、同年の優駿賞（現在のＪＲＡ賞に該当）最優秀5歳以上牝

馬に選出されている。

「いい馬でしたよ。あの馬を担当できて、調教助手としてやっていける自信がつきましたから。もちろん、たくさん稼いでもくれましたし」

この馬については、今となってはちょっぴり照れくさいエピソードもある。

休養のため放牧に出された際のこと。担当を降ろされるのではないかと不安になって、

「大丈夫やろか、ちゃんと俺に戻ってくるやろか」

と周囲に漏らしていた。

何しろ厩舎の一員となって……いや、競馬社会に入ってたかだか2〜3年の、20代前半の若造のことである。不安も大きかったに違いないが、この一件が周囲にどう受け取られたかはわからない。それこそ、雇い主である調教師の宇田の耳にどんな形で伝わったのか……。

トレセンに入って直属の上司となった宇田明彦は元騎手で、1972年に調教師として栗東トレセンで開業。騎手時代に日本騎手クラブの理事、関西支部長を務め、調教師となってからは日本調教師会の理事、労務委員長などを歴任。また、競馬サークル内にとどまらず、栗東トレセンを代表して栗東町（当時）の民生委員を務めたような人物でもある。もともと温厚な性格で、周囲からの信望も厚かった。調教師としても、騎手デビュー後に伸び悩んで乗り鞍に恵まれずにいた南井克巳《みないかつみ》（後に調教師）を、専属騎手として厩舎に受け入れ、一流の騎手に育て

上げた。生来の懐の深さがあった。

一方、満英に宇田との縁を取り持った内藤はと言えば、前述の通り育成牧場を北海道に設けて、そこで馬だけではなく人も育て、馬の生産までも手掛けた。また、入厩前に一旦馬を待機させる場所として、栗東トレセンの近くにも牧場を用意した。これも今で言う外厩のはしりだった。管理馬の稼働率を上げる目的でトレセン外部に設けられた厩舎だが、昭和ひとケタ生まれの元騎手でありながらも、そのような先進性を備えた優れた経営者の顔を持っていた。

かと思えば、調教師の定年（満年齢で70歳）間際に、「死ぬまで馬と関わっていたい」という思いから、定年制のない騎手への復帰を目指して、騎手試験を再受験（不合格）。競馬関係者を超えて、世間一般までをも驚かせるといった、常識破りの、ややもすれば破天荒さを感じさせる人物でもあった。

二人は同じ１９３１（昭和６）年生まれ。内藤は愛知県出身で、宇田は京都府出身。ひと足早く内藤が中京競馬場で厩舎を開業（栗東トレセンが完成する以前は各競馬場に分散して厩舎が置かれていた）し、宇田は騎手時代に所属していた星川泉士《ほしかわせんし》調教師が、やはり中京競馬場に厩舎を構えていたため、特別なやりとりこそなかったものの、お互いに見知ってはいた。二人の付き合いは栗東トレセン完成後にスタートするのだが、宇田が名古屋言葉に馴染みがあったことも手伝って、最初からウマが合ったようだ。

この対照的な二人が親友だったことは、人の縁を思う時に興味深い。二人に関わった満英にとっても、その後に幅広く個性豊かな人々と出会い、つながっていくうえでの、特別な力になったはずだからだ。

ともあれ、宇田の下で無事に現役を終えた活躍馬グローバルダイナは、最後まで満英の手から離れることはなかった。

「自分にとっては、本当にいい先生たちでした。好き勝手やらせてもろうてね。決していい弟子やったとは言えんかったかもしれんけど、お世話になりっぱなしで……」

満英が内藤の話をし、宇田についての思い出話を語る時、しばしば涙ぐむ（というより、そもそも涙もろい人情派なのだ）。

一頭の馬に出会えたことで自信をつけ、調教助手として着実にステップアップすると、元来人付き合いが良く、周囲に自然に溶け込める性格も手伝って、ますます厩舎関係の人脈を広げることにつながっていく。

トレセンの仲間たち

厩舎のスタッフは馬を扱い、当然のようにその多くが馬に乗る。それはすなわち彼らが元来、アスリートであることを意味している。だから、騎手は言うまでもないことだが、他のスポーツを観たり、プレーすることを好む助手や厩務員は少なくない。

宮路夫妻も例外ではない。中学、高校とソフトボール部で鳴らした裕美子は当然として、満英もスポーツ好きであり、何でもやってみたい（手を出す）性質。要するに、二人揃ってスポーツ好きであり、〝共通の趣味〟と言っていいものだった。

そして同じように共通する〝感性〟として、「いろんなところに行ってみたい」であるとか、「なんでも見て、体験してみたい」という好奇心の強さが重なった時に、〝旅行〟という要素が加わるとすれば、スキーというスポーツに二人揃って嵌まり込んだのも必然だったろう。

裕美子が言う。

「行きましたね〜、スキーには。日曜日にこの人の仕事が終わったら、その夜から車を走らせて、岐阜あたりの近場だったら翌朝から一日中滑って帰る。長野の白馬とか、もっと先の志賀高原とかまで遠出するような場合だったらもう一泊して、という感じで。それで車中泊をするためにキャンピングカーを買うたんです。一時期は、シーズン中はほとんど毎週くらい行ってましたもん。結構ハードなスケジュールでしたけど、若かったですからねえ」

こうしたスキーへの嵌まり方、傾倒ぶりが、後年のリハビリ生活中に、大きな起点となる行動につながる。

「あんまり運動神経はいい方じゃないんですけどね。下手の横好きですわ」

と言いながら、スキーだけでなく、さまざまなジャンルの競技に手を出して楽しんだのは満英の方だ。それを裕美子が咎《とが》めることはなかった。

サッカー、ゴルフ、ボーリング、ウインドサーフィン、その他諸々……と、いろいろと手を出した。このスポーツ好きの性分が、数年後に強いられるリハビリ生活を精神的に支えることになる。そして、それぞれの競技を介して出会った調教師、騎手、助手仲間との交流は、何よりも大きな財産となった。

いくつか例を挙げると、サッカーは格別なイレ込みようで、観るのもプレーするのも好きだった。早い時期からトレセン関係者で作られたプライベートチームに入部し、時間があれば練習に参加し、試合にも出場した。

1993年の、いわゆる〝ドーハの悲劇〟の際には、あまりの悔しさになかなか寝付けずにいると、飲み仲間で気心の知れたチームメイトの野中賢二《のなかけんじ》（当時調教助手。現調教師）から「頭に血が上ってイラついて、ちょっと飲まんことには気持ちが収まらん」と電話がかかってきた。「ホンマやな。どこぞへうっぷん晴らしに飲みに行こか」と夜半から出かけたりしたという。

「お互いに、ただ飲みたい口実やったかも?」

と笑うが、いずれにせよ行動パターンのかなりの部分を、サッカーが占めていたことがわかるエピソードではある。

他にも、所属厩舎とは関係なくサッカー部の絡みで親しくなった仲間には藤原英昭《ふじわらひであき》、笹田和秀《ささだかずひで》（ともに当時調教助手、現調教師）らもいる。いや、それこそ一人一人の名前を挙げ出すとキリはない。

ところで、先に挙げた競技の中で異彩を放つのがウインドサーフィンだろう。琵琶湖が近い栗東ならではのスポーツ、とは連想できるけれども、満英本人は馴染みのある競技だったのだろうか。

「いやあ、やったことはなかったですよ。藤岡（健一・現調教師）クンとか赤祖父《あかそふ》（元調教助手）クンとかが言い出したんかな。誘われて、面白そうやな、と思って」

直感的に「面白そう」と感じたことは、逆らわずにやってみる。これが満英のモットーなのだろう。郵便ポストの前で、ボートレーサー養成所の願書提出をやめて北海道の牧場に行くことを即決した。それと同じ思考パターンだ。誘われたことに対して、あまり悩んだりとかまごつくようなことがない。だからこそ、楽しいことを思いついた人間も声をかけやすいし、逆に言えば、自分から積極的に、楽しいことを手繰り寄せているかのようでもある。

それは楽しいことだけでなく、〝人〟とのつながり方そのものにも言えて、人脈はどんどん広がっていくばかりだった。ウインドサーフィン部ができてまもなく加入してきた角居勝彦《すみいかつひこ》元調教師（当時、調教助手）も、その中の一人だったと言える。満英が発病した後の人生に、それまで以上に大きく関わることになるのだから。

そんなふうにプライベートで助手、厩務員らと、厩舎を超えて横のつながりが広がると、いつしか宮路家には毎日のように来客……というより飲み仲間が上がり込むようになる。競馬談義にかこつけた楽しい宴会が始まるのだった。

その思い出話は尽きない。

「いろんな友達が来てましたねえ。それこそ栗東の関係者だけやのうて、名前はよう思い出さんけど、研修に来てた地方競馬の調教師さんとかも、普通にやって来て、部屋に上がってたもんなあ。そや、来日したばっかりの頃のミルコ（イタリア人騎手で、現在はＪＲＡに所属しているミルコ・デムーロ）も来たことありましたよ。彼はプールに入りたがらないウチの厩舎の馬を、自分がプールに飛び込んで、泳ぎながらリードして引いてくれたりしてね。面白い子やったなあ」

「しょっちゅうでしたね。女性が仰山いてるような、楽しいところに行くんやったらわかりますけど、わざわざ何もない狭い家に、男が大勢で来て飲むんですから。今思い出しても、あれは一体何やったんやろか、と思うくらいです。また厩舎の皆さん、ほとんど例外なく、よう飲まはるんですよ」

二人は子供を授かることがなかったが、若い頃に裕美子が婦人病（卵巣のう腫）を患ったことがあり、気持ちの整理はついていた。そのことが、高校時代の同級生で、言ってみれば〝幼馴染み〟のような関係性を長く保つことにつながったのではないか。夫婦揃って気持ちが若く、だから友人たちも気軽（？）に家を訪ねやすかった、という側面もあったはずだ。

真顔に戻って裕美子が続ける。

「大体ね、この人もこの人で、普段からちょっと調子に乗ると、たくさんの人を連れて飲み歩いたりしてたんですよ。小倉なんかの地方の競馬場に出張する時は、当時は家族もついて行くことがあったりしましたけど、大きなレースを勝った時なんかに、お祝いや、とか言うて、私を含めた数人でお店に行きますよね。最初は5〜6人やったと思うんですけど、それが2軒目に向かう時には倍くらいに増えてるんです。で、次の店に行く時にはさらに増えていて、あの人どこの誰やったっけ？　みたいな知らない人までいてるんです。その払いは全部、この人なんですよ。出張に行って重賞を勝ったというのに、進上金が一銭も残らないどころか、借金作って帰ったこともあったんやないかな」

この手のエピソードに関しては、「若気の至り」で済ませられなくもないだろう。しかし酒量は相当なモノだったと推察できるし、大人数を引き連れて飲み歩き、そのすべての会計を面倒みるというのだから、本質的な部分で〝度を越した〟豪傑ぶりが窺い知れることも確かだ。結婚前の交際期間に、裕美子が「お金の使い方がめちゃくちゃだった」と感じ、心配していたことが、あながち的外れではなかったことになるが、そうした一面が、より多くの仲間を引き寄せるエネルギーになっていたであろうことも、容易に想像がつく。

そして、満英の〝競馬関係者との人脈〟というものを、もっと広義に捉えて語るとするならば、１９８０年から２００５年まで所属した二つの厩舎の同僚たちは言うまでもないことだ。そこには優駿牧場時代からの友人たちも、たくさん含まれている。

病に倒れた後、リハビリの毎日を続けながらパラ馬術への道をスタートし、競技会に参加する過程での最も苦しい時期。そこで気持ちを切らさずにモチベーションを保てたのは、他でもない、そうした栗東トレセンの仲間たちのおかげだった。

恩人の死、そして転機

満英の調教助手としての25年間のキャリアは、前半と後半、二つの期間に分けることができる。キャリアを１９８０年にスタートさせた宇田厩舎での14年間と、２００５年に脳内出血を起こして事実上キャリアを終えるまでの森厩舎での11年間だ。

１９９４年１月。

その2年ほど前から体調を崩していた宇田明彦が闘病のすえに肝臓癌で死去。享年63。満英は36歳だった。

「いま思い出しても、本当にお世話になりましたね。トレセンに入って、最初に宇田先生と出会えたことが、自分にとっては大きかったんやないかと思います。感謝しかないです」

恩人に旅立たれ、次のステップに向かおうとする満英に声をかけたのは、前年に調教師免許を取得し、厩舎を開業したばかりの森秀行だった。新進気鋭の34歳。名門の戸山為夫《とやまためお》厩舎に所属して研鑽を積み、戸山師の逝去に伴って、厩舎を引き継ぐ形で前年の9月に開業。それから半年も経っていないタイミングでのオファーだった。

森からみると、満英の方が1歳年上とはいえ年齢は近く、優駿牧場時代のほぼ同期の間柄。その気安さはあっただろうし、旧戸山厩舎のベテランスタッフに囲まれた新人調教師にとっては、腹を割って話せる心強くて頼れる存在だったのではないだろうか。それに満英の人懐っこい性格も、厩舎内での人間関係をスムーズにする〝緩衝材的な役割〟を期待するにはうってつけであるようにも思える。

森の方にそういった思いがあってのオファーだったかどうかはさておくとして、当の満英の方も、新しい勤務先、そして雇用者を考えた時に、自分より年下の上司にはなるけれど、「気持ちが楽だった」ことは間違いなかった。下積み時代からお互いをよく知る仲間意識というのは、やはり大きかっただろう。

いや、もしかするとそういった小難しいことも含めて、森の調教師としての厩舎経営方針だとか、手腕といったようなものにもこだわることなく、例によって請われるままに誘いを受けたのではなかったか。その方が満英らしい決断の仕方のようにも感じられる。

しかし、結果論として、「勝てるチャンスがあると思えば地方競馬であろうと海外であろうと積極的に挑戦する」という姿勢で競馬界に旋風を巻き起こすことになる森のもとでの調教助手生活は、満英のキャリアに新しい彩りを添えることになる。それは普段の生活、意識の持ちように変化をもたらしたし、いずれ向き合うことになる自身の競技者、勝負師の素養を刺激することにもなる。知らず知らずのうちに、大きく視野を広げることにつながったのだった。

時代背景としてはバブル経済崩壊後。一般社会的には景気低迷期にさしかかる頃だったが、こと競馬の世界は右肩上がりの好景気が続いていた。1990年にJRAの売上金額が3兆円を突破すると、それから7年後の1997年には4兆円を突破。翌98年に日本競走馬協会主催の競走馬のセリ市〝セレクトセール〟がスタートすると、馬そのものの値段までもが高額になっていく。その急激な成長に促されるように競馬人気もヒートアップ。一方で、成長があまりに急過ぎたゆえか、業界全体に浮ついた空気も漂っていたが、そんな中で森は〝時代の風雲児〟的な活躍を見せる。厩舎に所属する満英も、その真っ只中にいて、めまぐるしい日々を送ることになる。

何しろ、前述の通りチャンスがあると思えば、日本各地の競馬場への遠征はもちろんのこと、海外遠征も厭《いと》わない調教師だ。関西であろうと関東であろうと、JRAの競馬場ならどこにでも出走馬を送り出すのは当然だった。いや、JRAの管轄外の競馬場であってもお構いなし。必然的に出張絡みの仕事が増えるスタッフにしてみれば、戸惑いとともに、不平不満が出て不思議ではないと思うのだが、満英はこれについても、

「楽しくて仕方がなかった」

と言う。

「例えば、地方の競馬場に行くと、なんか居心地がいいんですよ。向こうの関係者の皆さん

が温かく感じられるというんかな。騎手や助手さんとやりとりしていても、あまり馴染みのない馬具について教えてくれたり、自分らが普段使っているのと同じ道具でも、違う使い方をしてたりして、いろいろなんやなあ、と新しい発見があったり。情報交換いうんか、刺激がありました。あと、検量室の周りの造りとかロッカーとか、ＪＲＡの競馬場との違いが感じられたり、宿泊施設やなんかの雰囲気の違いとかも面白かったし」

このような好奇心は、満英にしてみればごく自然なことだった。基本的に旅行が好きだということと相まって、馬に付き添って全国を回ることに、より深い意義を感じたのは当然だったかもしれない。そして、その性格が、やっぱり馬も人も引き寄せる。

名馬たちとの邂逅

森厩舎に転厩してから最初に担当した一頭がムーンリットガールだった。父ドウカンガバナー、母グリンベスト（その父ベストホワイト）で、アングロアラブの牝馬だった。

１９９４、95年と森厩舎に在籍した2年間に芝のレースばかりを7勝。うち4勝を挙げた95年にはＪＲＡ賞最優秀アラブに選出された。満英にとって、グローバルダイナに続く2頭目のＪＲＡ賞部門賞の受賞馬となった。

ＪＲＡでは１９９５年にアラブ系のレースが廃止されたため、ムーンリットガールが同賞の最後の受賞馬となったわけだが、デビューした94年は中京、札幌、福島、東京と転戦して5戦3勝。翌95年は小倉、中京、東京、園田、札幌、新潟、中山の各競馬場で8戦して4勝。しかも相手がサラブレッドであろうと、それがたとえＧＩのようなビッグレースであろうと、お構いなしにである。馬もそうだが、担当する満英にとっても、なかなかに過酷な労働になったはずだが、当の本人、ここでも「んー、でも、いろんな競馬場に行けて楽しかったですよ」と涼しい顔で言う。

この満英のフットワークの軽さと、「どこにでも行ってみたい、何でもやってみたい」という身上とが、合理性を重視して、旧来の厩舎運営とは違った方針を取る森独自の志向性に馴染んだのだろう。そして厩舎全体の成績が年々伸びていくにしたがって、満英のさらなるキャリアアップにつながることになる。

フジヤマケンザンは１９８８年生まれで、95年に香港国際カップを制し、日本馬初の国際グレード競走制覇という快挙を達成した。ＪＲＡのＧＩこそ未勝利に終わったが、ＧⅡ2勝、ＧⅢ2勝と、グレードレースで4勝を挙げている。戸山厩舎時代から関東への遠征をしていて、森厩舎に移って遠征がさらに活発になると、しばしば満英が調教師代行を務めた。この頃の縁で、それまでやりとりのなかった関東の関係者とも交流が始まる。香港国際カップには満英は帯同していなかったが、そのレースで手綱を取っていた蛯名正義（現調教師）なども、親しくなった一人である。

97年には4歳牝馬シーキングザパールが移籍してくる。フラワーカップ、ニュージーランドトロフィー、ＧⅠのＮＨＫマイルカップと3連勝後、翌5歳春にはシルクロードステークスを勝ち、夏にフランス遠征を敢行。その緒戦、モーリス・ド・ギース賞（ＧⅠ・直線芝１３００メートル）をレコード勝ちして、ヨーロッパの国際ＧⅠを日本調教馬が初めて制するという、日本競馬史に残る偉業を達成する。

このシーキングザパールも満英は直接担当していたわけではない。が、6歳初戦、アメリカのサンタアニタ競馬場で行われたサンタモニカハンデキャップ（ＧⅠ）に出走した際に、グルーム（厩務員）として帯同した。本来の担当者のアクシデントによるピンチヒッターだったが、パスポートを持っていたことと、普段のフットワークの軽さが幸いしての起用だった。そして、この遠征で得難い体験をすることになる。

この時の〝得難い体験〟に触れないわけにはいかない。それが後年、奇跡と言っていいパラアスリートとしての復活劇を支えるモチベーションのひとつにもなるからだ。

ピンチヒッターとしての帯同とはいえ、トレセンで普段から見ていただけに、シーキングザパールが普通の馬以上に繊細で、デリケートな性格の持ち主であることはわかっていた。飛行機での輸送中から、現地に到着してからも、レース当日も、そのことばかりが頭にあった。

それだけに、「とにかく無事にスタートを切ってもらわんと」の一心で、落ち着かせようとパドック（レース前に馬を展示する下見所）から馬場入りの際も、同行していた調教担当の大久保諭《さとし》助手との二人で引いていたが、馬場入場後も満を持すつもりでスタート地点まで満英自身が引いていくことにする。

アメリカの競馬場では通常、〝リードポニー〟と呼ばれる小型の馬が付き添う形で並んでスターティングゲートに向かうことになっているのだが、シーキングザパールは鞍上の武豊と満英とでゲートまで向かった。ところが馬と騎手以外がゲート近くまで行く習慣のないアメリカでは、スタッフがスタンドに戻るためのマイクロバスのようなものは用意されていない。

「あれえ、おかしいな……ああっ、しもたっ！」

とゲート近くまで行って初めて気が付いた満英、とっさの判断で、スタート地点である左回りの2コーナー右の引き込み線（コースから少し奥まった部分）付近から、スタンド方向に走り出す。レース直前にコース内を人が走る、というシーンは滅多にない……いや、それどころか前代未聞だったかもしれない。

その異常事態に遭遇して、スタンド内がざわつきだす。人影が近づいてくるにつれ、それが日本から来たグルームの一人であることを認めると、大勢の観客が笑いとともに拍手、口笛などで囃したて、スタンド全体で満英を出迎えるような格好になる。スタンディングオベーションだった。

グローバルダイナを引く調教助手時代の満英

武豊騎乗のシーキングザパールとともに
（アメリカ・サンタアニタ競馬場）

「早く戻って走り終えたシーキングを出迎える準備をせんと、と思って、最初はただ必死なだけやったんです。途中からスタンドのお客さんが自分のことで騒ぎ始めたのがわかって、焦るやら恥ずかしいやらで」

それなのに、直線から歓声の沸くスタンドの前に差し掛かったところで、今度は不思議な感覚に襲われる。

「拍手とか歓声を浴びてると、嬉しいというか、なんだか気持ち良くなってきたんです」

〝ランナーズハイ〟という一時的な脳の働きを指す言葉がある。それが走っている時に起きる現象であることを思うと、この時の満英の中で起きた特別な感覚というのは、似たような状態だったのかもしれない。知らず知らずのうちに、観客の声援に応えるようにガッツポーズをし、その手を大きく振り続けていた。

「自分は主役でも何でもないのにね。ただねえ、そうかレースに勝った騎手は、こういう感覚をいっつも味わってるんやなあ、とその時に初めて気付かされましたね」

この時の気付きが、後年の満英に大きく関わってくる。

主役のシーキングザパールは4着。初めてのダート戦、それもダート競馬の本場アメリカでの結果を思えば、大健闘の内容だった。

そして年次は前後するがもう一頭、満英にとっては、まったく別の意味で忘れられない馬もいる。レガシーワールドだ。

レガシーワールドは１９８９年生まれの騸馬《せんば》で、デビューした１９９１年は５戦して未勝利。レース当日に興奮して出遅れるなど、気性の難しさが災いしていた。その点を考慮され、骨折による休養中に去勢手術が施された。

その後、覚醒したように快進撃を開始。４歳秋から３連勝し、ジャパンカップ（ＧⅠ）４着を経て、続く有馬記念（ＧⅠ）から３戦連続２着。５歳秋のジャパンカップでＧⅠ初制覇を遂げる。その後の有馬記念は５着に終わるが、これが１９９３年だから、満英はまだ森厩舎には移籍していない。満英がレガシーワールドを担当することになったのは、その有馬記念から約１年８カ月後。屈腱炎（競走馬の脚部に発症する病気。競走能力に悪影響を及ぼす）による長期休養から戻ってきたタイミングでのことだった。

大物を任されて、期待は大きかったが、自分が担当した７歳夏以降の約１年間は、13戦していいところがないままに現役を引退することになる。

「ＧⅠ馬らしい走りをさせてやれんかったんです。自分は何もしてやれなくて……」

期待が大きかったからこそ、落胆も大きかった。苦い記憶として残っている。しかし、このレガシーワールドとは、満英の発病後にもエピソードの続きがある。

それは後述するとして――。

発病後のエピソードと言えば、シーキングザパールが競走馬を引退し、繁殖にあがって最初の産駒シーキングザダイヤもＪＲＡの重賞を2勝し、ＧＩでも4度2着するなどの活躍馬だった。この馬も自分が担当したわけではなかったが、数年後のリハビリ中に、種牡馬となったシーキングザダイヤの産駒がチリのＧＩを勝ったという報道を耳にした時は、「自分のことのように喜んだ」ものだった。

母親つながりで言うと、２００８年の皐月賞を勝ったキャプテントゥーレの母エアトゥーレは満英が直接担当していたし、２００７年のダービーを、牝馬として64年ぶりに制したウオッカの母タニノシスターにも跨ったことがあった。

これらの歴史的名馬に、立て続けに巡り合って、何らかの形で関われたことについて、満英はあまり多くを語ることはないのだが、

「運が良かったんでしょうねえ。時代も良かったですし……。ただ、やっぱり、出会いなんと違うかなあ。人にも恵まれましたから。すべては馬のおかげやったと思ってます」

そういった思いに偽りはないだろう。

だが、偶然で語られるひとつひとつのエピソード、出会いから、満英自身が何かを引き寄せるような、特別な力を持っている可能性を思わずにはいられない。馬であり、人であり、そしてまったく無関係な人と人とをつなげてしまうようなことも含めて。

そうした特性は、病に倒れたあの日から、長く続くリハビリ生活の中で存分に発揮されることになるのだった。

第3章

新しい命――リハビリの日々

生還

満英が脳内出血を発症して草津総合病院（現・淡海医療センター）に運び込まれ、3週間のICU室での治療を終えたのは2005年7月25日。とはいえ、ICU室からナースセンター内に移動しただけであって、意識も戻ってはいなかった。その〝重症部屋〟と呼ばれているスペースの、ベッドの上で寝ているだけ。

そんな満英を見ながら裕美子は、

「一日も早くここから出してやりたいと思うんですけど、私らは何もできないでしょう。イライラしてもしょうがないんですけど、ただ見守るしかなくて」

という日々が続く。

手術を終えた直後の、自分自身のパニック状態は脱していた。が、

「入院している間は病院で何もすることがなかったから、家にいる時間も長かったんです。病気になってから、日記みたいにしていろいろと書き留めていたんですけど、その頃はダラダラとつまらないことも書いていたりして……」

とノートをめくりながら苦笑する。

この頃の意識レベルというのは、現実逃避とまではいかないまでも、目の前で起きていることをスムーズに受け入れることができていなかったのかもしれない。絶望を感じてから1カ月

も経っていないのだ。無理もないことだったろう。

気持ちが少しだけ前を向いたのは、〝重症部屋〟で1週間を過ごして、満英の意識が戻った時だった。

しかし、ひとまずホッとしたのも束の間、目を開けて、意識が戻ったはずの満英が裕美子に対して最初に発した言葉は、

「あんた誰」

だった。

続いて、「宮路さ〜ん、宮路さんはおいくつですか」という医師の問いかけに、

「27歳です」

と即答する。

またしても絶望の淵に落とされた。記憶の、どこかの回路が切断されている。「以前のこの人ではない……」と。

それでも、一般病棟の大部屋に移って数日後には、自分で身体を起こせるようになり、さらに数日経つと、何かにつかまりながらでも立って、少しずつ歩けるようになる。鼻歌のようにして歌を口ずさむようにもなる。

ほどなくすると、面会時間が終わって帰宅しようとする裕美子に向かって、言葉が出にくいなりに、「今日もありがとうな、気ぃつけて帰り」などと声をかけるようにもなった。

また、鏡で自分の姿を見て、包帯でグルグル巻きになっている頭を触って、骨片がないことを確かめながら、「俺、馬に蹴られたんか」などと口にするようになる。

そして何よりも変化を感じられたのは、移動した大部屋には症状の重い患者さんが多かったが、その環境について愚痴をこぼすようになったことだった。

病気の発症から手術直後の、最悪だった状態を思うと、驚異的と言っていい回復ぶりだったろう。右半身の自由が利かないこと、発語がおぼつかないこと、直近のことを忘れやすい短期記憶障害が残っていることなど、不安が解消されたわけではなかったが、記憶が徐々に戻るとともに、本来の感覚も取り戻してきたように思えて、先が見えないなりに少しずつ光が見えてくるようにも感じられた。

そうなってからの気持ちの切り替えは早かった。

「とにかく命は助かったんだ。もう一度、一緒に生きることができる。これからは何とかして元に戻る努力をすればいい。そういう例だっていっぱいあるじゃないかと思って、やれることは何でもやってやろうと思いましたね」

あとさきは考えず、やる気になった。

やれることを、やる

リハビリを行う際の問題、課題は少なくないが、介助する方の意識の持ち方として悩ましいことのひとつに〝回復スピードが一定しない〟ということが挙げられるだろう。

やれることは何でもやる、とは思ったものの、まだ満足に身体を動かせるわけではないし、意識そのものも、実のところ本当にしっかり戻っているのかどうかははっきりしない。目が覚めたらすぐに発することができた言葉も、なかなかスムーズには出てこない。たまに回復どころか、後退しているかのように感じられたくらいだった。

その一方で、血腫を除去した術後の経過はすこぶる順調だった。脳の施術部位の腫れが引いた8月19日には、外した頭蓋骨の骨片を元に戻す〝頭蓋形成〟の手術も無事に済んだし、術後の経過についても、右半身はやはり思うように動かせなかったが、身体を起こし、座って、立って、歩けるようになるのに、それほど時間はかからなかった。その頃には、どの程度までかはわからないなりに、意識もしっかりしてきている、と思えた。

こうなると俄然、動きが加速するのが裕美子だった。

いつまでも病院にいるよりも、一刻も早くリハビリを始めた方がいい、と考える。それまでも退院後のリハビリ施設を探してはいたが、光が見えた後は手当たり次第に施設を訪ね歩くようになる。

この当時の裕美子の動き方について、満英の手術を担当した松村憲一医師の、興味深い傍証がある。

「とにかくリハビリをするんだ、という意志が物凄く強かったんじゃないですか。術後の見立てでは、最悪は意識が戻らずの全介助。いい方に考えても車いすの生活にはなるのでは、といった感じでした。奥さんにも言うたと思います。それにひるまなかったんでしょう。それだけ余計にはっきりした目標と強い意志を持って、リハビリに取り組まれたんやと思います。お二人の執念やないですか」

本当に執念だった。現実的に利用するかどうかはさておいて、全国にあるリハビリ施設や、リハビリ療法そのものについても調べ抜いた。そして、いい評判を聞くと、可能な限り自分で足を運び、リハビリの様子を見学して回る。遠隔地の場合は、親戚縁者に頼んで見て回ってもらって……。

いくつか例を挙げると、落馬事故で重い脳障害を負った福永洋一元騎手の家族が取り組んだ「グレン・ドーマン法」の研究に始まり、イギリスのボバース夫妻が開発した「ボバース法」は、実際に採用している大阪市の病院に当たってみた。また、前年の2004年に脳梗塞を発症した読売ジャイアンツの元選手、監督の長嶋茂雄氏が、リハビリのために入院した神奈川の温泉病院にも問い合わせ、大阪府高槻市にあるリハビリテーション病院には、実際に足を運んで好印象を持った、等々。ただし、これらの病院は、総じて回復期から慢性期にあたる患者向けだった。満英の現状を鑑みた場合に適しているかどうかの疑問が拭えず、決断することができなかった。

そしてさらに徹底的に調べて探して、辿り着いたのが滋賀県のお隣り、三重県にある藤田保健衛生大学病院のリハビリテーション部門（旧・七栗サナトリウム、現・藤田医科大学七栗記念病院）。頭蓋形成術を終えて、わずか3日後のことだった。

あらかじめ見学を申し出て、担当の職員に病院内を案内してもらうと、ちょうど学生たちの実習が行われているところだった。一人の患者に対して、医師、介護士、看護師という複数のスタッフが付く介助スタイル。実習生ならではの真剣さがあったのだろうと想像を巡らせるにしても、若いスタッフの動きは「頼もしく」感じられた。

「いろんなリハビリ施設を見て回ったんですけど、慢性期の患者さん向けのやり方よりも、うちの人の場合、まだ発病から日が浅かったし、急性期の患者さん向きのリハビリをする方がいいだろうと思ったんです。少々きつくても、まず最初に効果的な作業療法を取り入れた方が、その後の回復も早いんじゃないかと思って」

ほぼ即決で入院を決めた。

好敵手との出会い

七栗記念病院リハビリテーション部門の当時の方針として、身体を起こすのも、トイレのためにベッドを離れるのにも、決められた厳しいルールがあった。勝手に動きだすと、足下のセンサーが反応して看護師が来て注意を促される。すでに軽い動作ならある程度できるようになっていた満英にしてみれば、いちいちナースコールを使わねばならないことに、入院直後はしばらくナーバスになって、慣れるまでには少々戸惑いがあった。

が、気持ちが落ち着いて、環境に溶け込んでしまえば、満英の持ち前の明るさと、スポーツ好きの性分が発揮されるようになる。

午前中いっぱいを使ったリハビリのメニューは決して楽なものではなかったが、通常のストレッチ、歩行訓練は意欲的に取り組んだし、言語聴覚士が出す課題――絵柄と文字を線でつないだり、図形や文字を書く作業――なども、時間はかかるものの、ゆっくりと丁寧に、黙々とこなしていく。

また、生来のスポーツ好きの気質がここでも生かされる。体を動かすこと自体は「まったく苦にならない」のだった。

病室前の廊下には歩行訓練器が設置されていた。看護師に指示される1日のメニューが終わった後でも、満英は思い立った時に左手だけでバーをつかんで歩いた。無論、付き添いは必要で、その役は常に裕美子が務めた。

一人で何役もこなさなくてはならないこの頃の裕美子の行動パターンはというと、何しろ病院は自宅からざっと80キロ。最寄りのインターチェンジから高速道路を使っても１時間以上かかる距離だ。それをほぼ毎日、往復していた。

そんな二人の姿を病室の窓の外から見ている男性がいた。

三重県津市在住の高尾邦彦氏である。満英よりも１歳年下。やはり脳内出血の影響で右半身に麻痺が残り、病室は違ったものの、同病院で同じようなメニューでリハビリに取り組んでいた。満英の毎日の様子を見ていて、

「結局、立ち直ろうとする気持ちです。宮路さんにはそれが凄く感じられて、自分も負けてられないな」

と思った。

「高尾さんは自営業をされていたし、うちの人よりもレベルの高い難しい課題をこなしてはったと思いますよ。仕事に復帰したあとのことをいつも考えてはったし、ここで挫《くじ》けてなんていられない、みたいな強い意志を持ってはったんやと思います」

裕美子の方ではそう感じていた。

お互い年齢が近いことはわかったし、病院内で同じ病気と闘っている、いわば〝同士〟のよ

うな存在だ。言葉を交わすようになるのに時間はかからなかったし、夫人も交えて連帯感みたいなものも芽生えてくる。そうこうするうちに、二人は競い合ってリハビリに取り組むようになる。

「歩行訓練器を使って、バーの端から端までを歩くんですが、まずその〝速さ〟ですね。それから〝回数〟。何本往復するか、で勝負する。お互いに負けてられへん、みたいな感じで競争しました。午前の通常メニューで出された宿題なんかも、夜、寝る前のベッドの中でやるようになったりして。本当にいい刺激になりましたよ」

それは満英とて同じ思いだった。

「あっちが頑張ってんのに、こっちも気は抜けないでしょう。彼がやるのを見て、うわぁ凄いなあ、よっしゃオレも、みたいにしてね。でも、あの時（リハビリ中）にそういう仲間がおったのは、張り合いがあって物凄く良かったと思います」

こんなふうに日々のリハビリに熱が入ってくると、裕美子にとって、毎日滋賀から通うのは時間的に無駄が感じられた。そもそも自分の体力的にもきつい。そこで病院からほど近いマンスリーマンションを借り、そこから病院に通うことにした。その方が経済的にも助かった、ということもある。

それからは週に一度、洗濯物ほかの雑事のために滋賀の自宅に戻り、用事を済ませて三重の仮住まいへ、という二重生活が2カ月ほど続くが、こうしてできた時間的余裕は、リハビリ期間の過ごし方に別の効果も与えることになる。毎日の午前中のメニューは厳しかったが、その日の課題さえ終われば、午後の時間は比較的自由だった。体調次第ではあるけれども、付き添いさえいれば外出も許された。

「お昼の食事が終わったら、高尾さんご夫婦と一緒に病院を出て、喫茶店とかに行って、結構長い時間を過ごすようになりました。ほとんど毎日やったと思います。そんな呑気に構えていられるような状況（精神的にも体力的にも経済的にも）ではなかったんですけど、なんだか楽しかったですね」

と当時を振り返る。

ほんの些細なことでも楽しい面を見つけて前を向く。二人の生き方に通底する思考パターンのように思えてくる。

このことは、苦しいはずのリハビリ生活を乗り切るための、重要なポイントのひとつであるのかもしれない。逆境にさらされた時に、歯を食いしばるだけではなく、時には笑顔が必要であるかのようで……。

「それまでの生活環境が全然違う者同士でしたから、もし病気になってなかったら高尾さんご夫婦とは出会えてなかったかもしれません。そう思うと不思議な感じがしますけど、病気になって先が見えない一番苦しい時期でしたし、私らにしたらとても有り難い存在でした。本当に感謝しています」

と裕美子。

後遺症は残りながらも仕事への復帰を果たし、自動車の運転などもこなして元気に過ごしている高尾氏。交流は現在も続いている。

回復期のリハビリ

七栗記念病院で約3カ月間の急性期患者用のリハビリメニューを終了すると、発語だけはおぼつかないままだったが、体調は徐々に安定した。

そして明けて2006年。長く続くことになる回復期から慢性期のリハビリに入る。滋賀に戻って最初の3カ月は、自宅近くのリハビリ病院に通院したが、この時も、「やれることをすべてやる」がモットーの裕美子らしく、他の施設にも目を光らせながら、十分な時間をかけて、常に情報を漏らさないように注意していた。

そして4月に入った頃、あるリハビリ施設が、いわゆる大病院ではなく小ぢんまりとしているものの、「評判がいい」ことを小耳に挟む。すぐに見学に行って、ここもほぼ即決した。栗東トレセンからもほど近い草津市にある若草診療所。そこで担当してくれたのが理学療法士の石野《いしの》賢《さとし》である。

「リハビリってね、目標を持ってもらった患者さんに、気持ち良くやってもらわないとダメなんです。〝応用行動分析〟と言いますが、まずしたいことをしてもらって、それを誉められたり、ご褒美としての精神的な報酬があるかなど、楽しんでやれるかどうか、を考える。それで最終的なインフォームドコンセント（担当医と患者の間で、医療行為に関する意識を統一させるための手続き）として、宮路さんにはリハビリをする際に、何にこだわってやるつもりなのか、を聞いたんです」

この点については、満英の答えははっきりしていた。

〝こんな身体になってしまった自分が、リハビリをして少しずつでも良くなっていく姿を、同じ病気を抱えた人や、後遺症に悩む人たちに、お手本として見せたい〟

「わかりました。それじゃ、そういうつもりでしっかりやって行きましょう、ということになって」

石野と明確な目標を共有してリハビリがスタートする。

朝は5時に起床。

まずは就寝によって硬くなった全身の筋肉をほぐすため、1時間ほどかけてマッサージを施す。もちろん裕美子が手助けをする（この作業はその後、国内はもとより、海外遠征の際でも、ほぼ毎日、休みなく続けられることになる）。

その後、野外での歩行訓練に移り、天気が崩れる心配がなければ、自宅から栗東トレセンまでの約8キロを往復する。

若草診療所での器具を使った機能回復を目的とした運動も欠かせない。これも可能な限り、毎日通ってトレーニングした。また日々の生活レベルでも、食事の際はスプーンやフォークを使うのではなく、極力、箸を使用するようにした。もともとは右利きだが、

「調教助手の頃にも、たまに馬から落ちたりして右手が使えんようになることがあったんです。それで仕方なしに左手で箸を使ったりしたことがあって……」

というから、あまり苦労はしなかったようだが、ここでの手先を使ったリハビリ効果は、発病後の認知機能を維持する意味でも、役立ったのではないか。

野外の歩行訓練には、夫婦二人きりでの道行きではなく、他にも良きパートナーがいた。自宅で飼っていた愛犬チュウタローと、友人の厩務員で、当時は栗東市議会議員でもあった田村《たむら》隆光《たかみつ》が所有していた「クロ」「ライス」のアメリカンミニチュアホースの2頭である。アメリカンミニチュアホースとは、体高（前肢のかかとから肩までの高さ）が80センチほどで、一般のポニーよりもやや小さい品種だ。クロの方が訓練を受けた盲導馬だったこともあって、満英の毎日のリハビリの役に立てればと田村が提供したのだった。田村もスケジュールに都合がつく限り同行してくれた。

毎日の朝の散歩。馬と触れ合う時間はその時だけだったが、手綱を持つと、麻痺している右手が微かに動いた、ように感じられた。そして身体だけでなく、脳の方にも驚くべき変化があ

った。

「言葉が少しずつ出てくるようになったんです。もちろん、ちゃんとじゃないですよ。でも、しゃべれるようになった。馬のセラピー効果は聞いてはいましたけど、ホンマにあるんやなあと実感しました」

と満英。

石野は言う。

「リハビリの世界ではね、料理人だった患者さんにはフライパンを持たせろ、という格言みたいなんがあるんです。競走馬の調教助手やった宮路さんが、ミニチュアホースと触れ合った効果は大きかったんやないかと思いますよ」

そんなウォーキングによる歩行訓練中、満英はトレセン近くで顔見知りに出くわすと、

「俺はこんな身体になってしもたけど、頑張るよってな。お前も気ぃつけや」

などと声をかけた。

また、それとは別に、裕美子が口にしたのは以下のようなエピソード。

「田村さんが借りていた畑が、ちょうどいい感じの放牧地みたいな空き地になっていたんです。ウォーキングの休憩時間にそこに馬を放して、私らは椅子に座ってお茶とかコーヒーを飲んだりしてたんですよね。それが毎日のことでしょう。通勤とか通学中の人がたくさん通らはったけど、私らのこと、どんなふうに映ってるんやろ、もしかしたら優雅に見えてたんとちゃ

うかな、って笑ってたんですよ」

どうやら障がい者を抱えて苦悩しているファミリー、といったイメージとはほど遠い、和やかな雰囲気に包まれていたようだ。発病後に二人を襲った絶望感はなくなっていた。

ちょうどその休憩時間中のこと。田村からは携帯電話やスマートフォンの操作についての指導も受けた。そこには左手の指先を使うというリハビリの狙いもあった。

具体的には、満英が使っていた携帯を田村と同じものに機種変更し、「ああでもないこうでもない」と言いながら苦心して操作を覚え、手始めにツイッターの投稿を始めてみた。田村がスマートフォンに機種変更すると、携帯電話の時と同じように満英もスマートフォンに買い換え、設定までまったく同じにしたうえで、ひとつひとつの操作をマスターしていった。

こうしたリハビリ中の〝周囲との関わり合い〟、また見知らぬ人たちからの〝視線〟ということについて、

「今やから言えることとですけど」

と前置きして、裕美子は障がい者の生き様に関する気付きについて口にする。

「身内が障がい者になった後、投げ遣りに〝もう放っといて!〟みたいに内にこもってしまう人が少なくないんです。私らの周辺にもたくさんいました。でも、そんなことを言わずに、どんどん外に出て行って、現状の姿を見てもらったらいいと思うんです。最近になっていくらか変わってきた感じはありますけど、障がい者が表に出にくい空気というのは、たぶん取りま

いてる社会の問題もあったんやと思います。だからこそ、そういう人たちがいてることを知ってもらうのは、障がい者福祉の部分で大事なことやと思うんです。これは本当に恥ずかしいことですけど、自分も当事者になるまで考えてもみなかったことでした。そやから余計に、当事者が積極的に発信して、実情を知ってもらうようにしないと、と思うんです。外に出れば、自分たちの新しい世界も開けますから」

リハビリ中に知り合ったご夫婦二組と一緒に、北海道旅行を決行したこともある。夫が脳卒中でリハビリ中、という同じような境遇のご夫婦たちだった。その時の思いも同じだった。

「四肢の麻痺というのは、ジッとしていると、それこそ周りから見ただけでは理解されにくいところがあるんです。それで気後れしてしまって、余計に引っ込み思案になりがちなんですね。ですから、そんなことは気にせず、前向きに、楽しんで生きていこうよ、と言いたいんです」

すべての障がい者、そしてその家族に当て嵌まる考え方であるかどうかはわからない。必ずしもそうではないケースもあるかもしれない。しかし生きていくうえで、意識の持ち方としての、ひとつの大きなヒントでもあるだろう。

少なくとも裕美子はそう信じている。

再び馬の背に～やってみたらええやん

病気の治療に専念するため、〝休業〟していた調教助手の仕事も、２００７年の１月に補償期間が切れることで、いよいよ廃業を余儀なくされる。給料の６割ほどではあったが、それでも休業補償手当がなくなることは痛かったし、それより何より、戻るべき職場を失うのかと思うと、覚悟はしていたものの、やはり深い寂寥感に襲われたものだった。だからといって、沈んでばかりもいられない。

「とにかくリハビリ治療を続けて、元のように身体を動かせるようにすることが最大の目標だったし、たとえまったく元通りになることが叶わなくても、元気に過ごせるようにはしたかった」

だから、器具を使用した筋力の蘇生を促すような運動だけでなく、リハビリになりそうなことは何でも取り入れた。ここでも裕美子の、「やれることは何でもやってみる」という精神が発揮される。

失業したことで、ハローワークの就労支援として設けられている職業訓練プログラムを利用して、障がい者向けのパソコン講座を二人で受講した。

「二人揃っての〝第二の人生〟みたいなんがホンマにあるんやな、と改めて実感できて、楽しく通ってましたよ」

また、満足に言葉を発することはできなかったが、〝脳トレ〟のようにしてお経を唱えてみたり、ハンドベルを使用した音楽療法も取り入れ、同じ障がいを持つ仲間と一緒に、栗東トレセンの文化祭をはじめ、老人施設や病院を訪問しては演奏を披露するなどした。そうした支援活動もリハビリの一環だったが、何よりも自分たちの楽しさの方が勝っていた。

そういうマイペースで過ごすリハビリの日々を送る中で、〝その日〟は唐突に訪れる。

いつものように、ミニチュアホース２頭と愛犬との朝の散歩の途中で、毎日のように同行してくれている田村が、その日は何を思ったか、急にチュウタローをライスの背に乗せてみた。ライスは驚いて走り出す、チュウタローは落とされまいとしがみつく……。

「最初は、田村クン無茶するなあー、と思いました。けど犬の方が怖がりながらも、必死になって馬の背中につかまってるんです。おおー、よお頑張るなあ、凄いなあと思って。俺も負けてられへんなあ、なんて、２頭の動きを見ながら泣きそうになるくらい感動してしもて。その時にふと思ったんですよ。犬が乗れるんやったら、自分も乗れるんやないのかなあって」

何気なく思ったことだったが、満英にとっては全身に痺れが走るような気付きだった。もう一度自分が馬に乗ることなど、現実的にはまったくイメージしていなかった。が、チュウタローがライスの背に乗る姿を見て、その気になった。泣いている場合ではなかった。早速、裕美子に相談した。

最初は冗談とも本気とも取れるような口ぶりだったが、裕美子も長年の付き合いから、こういう時の満英は、おおよそ本気であることはわかっている。だから、当初は大反対した。

「前みたいに身体が動くわけやないのに、危ないに決まってるやないですか。落馬でもしたら、手は突けないし受け身も取れない。そんなんで事故にでも遭うたら、今度こそ、本当に取り返しがつかんのやないか、って思って」

妻であればこそ、無理もない心情だったのではないか。

しかし、相談を受けた石野がこの時に発した答えは、その後の夫婦の行動パターンの〝核〟になる言葉、

「やってみたらええやん」

だった。

そのひと言だけで、決してすべての不安が拭えたわけではなかったが、「リハビリの一環になるのであれば」と裕美子が折れる形でゴーサインを出す。

ほどなくして2006年秋、障がい者乗馬の先駆け的なクラブである明石乗馬協会で、ほぼ1年ぶりの乗馬が叶うことになった。

「乗り方を忘れてました」

と笑うが、身体の方が覚えていたのだろう。勘を取り戻すのにそう時間はかからなかった。手綱を握れるのは左手だけ。騎座（鞍の上での姿勢）も安定しなかったが、思っていたよりもスムーズに馬は動いてくれた。

続いて、自宅近くの水口乗馬クラブで、レッスンとして定期的に乗るようになると、室内馬場で軽いダク（速歩＝はやあし）を踏むこともできるようになる。

発症直後に命が危ぶまれた病気の程度や、重い後遺症が残ったことを思えば、ブランクの期間は信じられないほどの短さだったが、とにかく夢のような時間だった。そもそも、右半身の自由が利かない身体で、また馬に乗れるようになるかどうかも、わからなかったのだから。

「あの時はこっそりと、ホンマに泣いてしまいました」

病に倒れて以降、それまでの調教助手としてのキャリアはもちろん、ごく普通の生活からも切り離されてしまった現実。かつての自分との大きなギャップを埋めるには、やはりわずか１年ほどでは十分ではなかったのだ。確かにもう一度馬に乗れた嬉しさはあっただろう。しかし本人にとっては、それだけでは済ますことのできない様々な感情が交錯したのではなかったか。

その後、定期的に馬に跨るようになると、満英自身も信じられないことだったが、ミニチュアホースたちと散歩するだけだった頃よりも、もっと言葉が出やすくなっていく。全身に力が漲《みなぎ》ってくるようだった。

こうなると、ますます身体を動かしたい衝動が満英の中でむくむくと頭をもたげてくる。次々にやりたいことが出てきたのだ。

そして言い出したのだった。

「スキーに行きたいな」

身体を動かすことへの渇望

「最初に聞いた時は〝何言うてんの？〟と思いましたよ。どないして板を履くの？　リフトに乗るのは？　とか。言うてる意味がわかってるんやろかと……。それこそ、脳の働きの問題というか、そっちの方の意味で不安になりました」

しかし、一度言い出したらきかない。そういう性格だとわかっていても、あまりにもしつこく言うものだから、石野に相談する。

その時の返事も、

「やってみたらええやん」

だった。

「ええやないですか、やってみたら。僕もついて行ってあげるから。本人が挑戦したいと思うことをやらせるのが一番ですよ」

石野が補足する。

「療法士というのは、患者さんができることを、ちゃんと言ってあげなくてはいけないんです。残存している機能をしっかり使ってもらう、ということですね。そうしないと廃用症候群（長く動かないでいることで心身機能が低下すること）になってしまいかねない。また、応用行動分析としては、患者さんがやってみて〝楽しいかどうか〟でしょう。そこに患者さんがピグマリオン効果（行動に応じて自身が成長を感じられる心理状態）を得られるかどうかが重要になってくるんです。だからリハビリをやる際に、難しいことを〝できない〟と決めつけてしまうのは良くない。可能性が限定されて、ひいては生きる世界が狭まってしまうので」

かくして、「本人がしたいと思うことをさせる」という、リハビリ面での明確な目的も持って、スキーに行くことになった。

２００７年の春まだ浅い岐阜県の鷲ヶ岳スキー場。元気だった頃、何度も夜中に車を走らせて通った勝手知ったる場所である。格別な思いを抱いての旅になったが、案の定、ゲレンデに着いてみると、思った通り……ではなく、想定していた以上の苦労の連続だった。

スキー道具は転倒の際の危険度を最低限に抑えるよう、板は子供用の短いものを用意。ブーツはふくらはぎとスネに当たる部分が前後に開いて、後方のバックルで締めるリアエントリー式のものを使用することにした。が、それでも満英にしっかりと履かせて、板に固定するまでには1時間以上を要した。

リフトの乗り降りも石野が横について、慎重には慎重を期した。最初は無理をせずに初心者コースへ。石野が後ろから満英の腰に手を添えて、両手で支えるようにして前に進め、滑る時もそのスタイルを通した。その映像を裕美子が前方を滑りながらビデオ撮影する。このあたりはスキー好きとして何度も通った裕美子のキャリアが生かされているし、満英の方も無難に転倒なくゲレンデを滑り降りて見せた。

久しぶりにスキー板を履き、雪面を滑り降りる爽快感に時間が経つのを忘れた。周りの心配をよそに、満英は何度も何度もコースを滑走することをリクエストする。しまいには「上級者コースに行きたい」とまで言い出すが、例によって石野は嫌な顔を見せずに、「ほな行ってみましょか」と付き合った。

「嬉しかったですねえ。爽快で気持ちがようて」

無事に一日を終えた安堵感や疲労感よりも、喜びの方が大きかった。

このように、石野のポリシーは一貫して「本人がやってみたい」と思うことを「やってもらう」ことだった。そして、できる限り自分も積極的に関わるようにする。

「患者さんが興味を持ってはることを僕も好きになりたいんです。それで自分もやってみて好きになれたら、患者さんにとっても僕にとっても、こんないいことないじゃないですか」

ということだ。

これを徹底することについて、石野が大事にしている言葉がある。

「リハビリをする患者さんにとって重要なのは、結局は本人の〝やる気〟と〝根気〟、そして寄り添ってくれる〝先生〟なんですわ」

こうして、長期的なスパンでのリハビリ生活ではあったが、穏やかで、かつ充実した日々が継続されていった。発語の方はまだまだ思うようにならない状態だったが、身体の方は確実に回復に向かっているという手応えがあった。

そしてさらに一段階やりたいことのレベルが上がる。生来のスポーツ好きと、そして旅行好きの一面も顔を覗かせて。

その究極の案として、

「マラソン大会に出てみたい。ホノルルマラソンがええなあ」

と言い出すのである。


右半身が麻痺していながら「馬に乗りたい」と言い、「スキーに行きたい」と続いて、今度は「マラソン」である。それ以外にもハンドベルを片手に病院、老人介護施設、トレセンの文化祭と、ところを替えてボランティア活動にもいそしむ……。

この、〝次から次へ〟といった欲求の奥にある根元的なエネルギー、確固たる意志はどこからきているのだろうか。

石野のインフォームドコンセントに対して、〝リハビリをして少しずつでも良くなっていく姿を、同じ病気を抱えた人や、後遺症に悩む人たちに、お手本として見せたい〟と答えた。その言葉に嘘偽りはない。今でもそう思っている。が、実はもうひとつ、発病後にベッドの上で動けずにいた時に、強く思ったことがあった。

「このまま寝た切りになるのだけは嫌や」

歯を喰いしばって涙をこらえ、心の底から湧きあがってきた思いだった。

だから、少しでもいいから身体が動くのであれば、たとえ困難がついて回ることでも、無茶を承知でやってみる。そのためなら、どこへでも行ってみる。誰が何と言おうと、だ。そういう強い意志がなければ、後年、パラ馬術の選手としてヨーロッパの国々を転戦する長期遠征など、実現しなかったはずだ。

障がい者スポーツに〝ボッチャ〟がある。赤、青の革製のボールを投げて、白い目標球（ジャックボール）に近づけることを競う〝球技〟と言っていい競技だ。そのトップ選手が会心のショットを決めた時、しばしば身体中から振り絞ったような大きな声を発して、感情を爆発させるシーンを目にすることがある。普段の車いすの生活の中では、激しい感情の起伏を表に出すことは憚《はばか》られるのかもしれない。そうした縛り（それこそバリアなのかもしれない）から、競技中は解放されるに違いないのだ。そして、そうした背景が選手たちに雄たけびを上げさせるのではないか。

「障がいを抱えた者は、障がいがあるからこそ、より身体を動かしたい衝動にかられる」

この仮説によって、満英の〝次から次へ〟の欲求が、心の奥底から出てくる〝渇き〟であると説明できるのかもしれない。

ホノルルマラソン挑戦

「今度はホノルルマラソンか……」

またしてもの、あまりに突拍子もないプランに感じられた裕美子。返す言葉もないまま、おそるおそる石野に相談してみた。

「ホノルルマラソン？　んー、行ってみますか」

いつものように、そう言うのかな、と思ってはいたものの、本当にその答えが返ってくると驚いた。実行するとなると、何を、どう準備していいのかわからない。雲をつかむような話である。

石野の方も、さすがに海外で行われる世界的な市民マラソンへの参加とあって、今回ばかりはしっかりした準備をしなくてはならないと考えた。１年越しのプランを立てて、そのことを満英本人に納得させた。

同時に、その時に考えたことのひとつが、

「自分も行く準備をしなくてはならない……」

だった。

石野のポリシーである「患者さんがやってみたいと思うことをやってもらう」こと、そして「それに自分も可能な限り積極的に関わる」というのは、「患者さんの期待に応えたい」という強い思いに集約されている。そして「患者さんが興味を持っていることを自分も好きになる」ことでもあったが、この考え方が、後に満英が身を投じるパラ馬術競技の世界にあって、選手の障がいの程度を審査してグレード認定をする〝クラシファイアー〟の資格を取得するに至る原動力にもつながる。

その話は後述するが、石野が宮路夫婦を最初に驚かせたのが、この「ホノルルマラソンの挑戦に自分も同行する」と言った時だった。

「スキーの時みたいに、僕も行くから、と言わはって。スキーやったら国内やから日帰りとかでも何とかなると思いますよ。それでも申し訳なくて気が引けたのに、今度はホノルルでしょう。そんなん、とてもやないけど……。大体、診療所の仕事があるのに、私らのために長いこと休みを取ったりはできへんでしょう。大丈夫なんやろかと、そう思いましたけど……」

これについて石野は、

「知らないことをするから面白いんです。それは何？　から始まって、ひとつひとつが勉強になりますから。馬のことに関しても、お二人に引っ張り込まれたような感じですけど、結局は自分自身の経験値になるわけですしね。有り難いことでもあるんです」

と言うが、それにしても……という部分は拭えない。〝理学療法士とその患者〟という関係性の中で、線引きをどこに求めるのか。難しい問題にも感じられる。

当時の病院長だった猪飼剛《いかいつよし》とのやりとりを石野が述懐する。

「わかった、行っておいで。と言ってくださったんです。物事を大きく捉える先生で、リハビリ療法にも理解があって。不幸な事故で早くに亡くなられたんですが、僕にとっては相性が良くて、先生の下で働かせてもらえたのは幸せでした。もちろん、ちゃんと有給休暇を取らせてもらって、担当している患者さんたちには休ませてもらうことを説明して、他のスタッフにも自分が居ない間のことをお願いして、ですよ」

そうして許可が下りた。とはいうものの、休暇で行くのだから、あくまでも石野の自費で、であるのだが。

これらのことに通じているかどうかはわからない。が、石野が口にした言葉でまたひとつ興味深い一節がある。

「リハビリをする患者さんにとって重要なのは、本人の〝やる気〟と〝根気〟と〝いい先生〟でしたよね。じゃあ僕ら理学療法士が学ぶために必要になることはと言うと、やっぱり〝やる気〟に〝根気〟でしょ。さらに〝年季〟に〝教科書〟と。そしてやっぱり〝いい先生〟なんじゃないかと思うんです」

とにもかくにも、そのような経緯で、２００８年のホノルルマラソンに〝チーム宮路〟として挑戦することになった。１年後の大会に向けて、しっかりしたプランを立てて、時間をかけて準備して臨むことになる。

普段のウォーキングによる歩行訓練は継続しつつ、手始めに石部宿場マラソンの３キロコースに挑戦。続いて栗東マラソンの5キロコースへと距離を延ばして身体を慣らす。徐々に持久力をつけること、そして何よりも満英本人に自信をつけさせることに注力した。もちろん、重度の障がいを抱えていては走れるわけはなく、ステッキを使用しながらの歩きだ。傍《はた》から見ると歩いているだけだから、「〝競技〟の場にはふさわしくないのでは」といった意見を耳にすることもあった。が、「そんなことにはいちいち構っていられない」と意に介さず、根気良く自分たちのルーティンを守って1年を過ごす。

そして2008年夏。12月14日に行われるホノルルマラソンにエントリー。二人は石野とともに、ハワイ、オアフ島へ渡ることになる。

夫婦漫才コンビ『宮川大助・花子』との交流

ホノルルマラソンは1973年に創設された。心臓病の予防とリハビリにフルマラソンが効果がある、と提唱したジャック・スキャッフ医師の意見に基づいてスタートしたという。つまりもともとリハビリや健康促進を目的とした市民マラソン大会であり、競技としての〝レース〟の性格はなく、だから当然、時間制限などは設けられていない。満英が参加するには、もってこいの大会だった。

基本的に12月の第2日曜日に開催されていて、直前の水曜日から土曜日の間、ハワイ・コンベンションセンターで「ホノルルマラソン・エキスポ」が開催される。会場内には数多くの店舗が並び、演奏会も行われて大会を盛り上げる。また、マラソン当日の住宅街では、その住宅に住む一般の人々から、ランナーたちに水やビールなどの飲料が振る舞われ、高速道路の車中からも手を振っての応援があるなど、大会ウイークを通して、市内はアットホームなお祭りムードに包まれる。

「ホノルルマラソン・エキスポ」の開催中には、会場であるコンベンションセンターのワンフロアのスペースを使って、競技の概要や注意点についての説明会も行われる。満英と裕美子、石野も参加した。主催者サイドのひと通りの話が終わると、参加者の質問を受け付ける。

その瞬間、すかさず満英が手を挙げた。

「え？　なに突然。どないしたん。何を言うつもりなん？」

隣に座っていた裕美子が驚いて満英の方を見ると、係からマイクを渡された途端、失語症が再発したかのように固まってしまった。途切れ途切れに、やっとのことで絞り出した言葉を要約すると以下の通り。

「僕は身体の自由が利かなくて、歩きですけど頑張って完走するつもりです。僕がゴールするまで、皆さん待っててもらえますか」

ピーンと張りつめていた会場内が和んで、優しい笑いに包まれた。

そして〝チーム宮路〟は相変わらずのマイペース。観光気分ではなかったにしろ、必要以上の緊張感に悩まされることもなく、競技当日を迎えることになる。

２００8年12月14日、早朝。

参加競技を示す「フルマラソン」用のゼッケンに、手作りした〝脳卒中3年生〟のワッペンを装着した満英が、スタート地点で5時のスタート時刻を待っていると、

「フルマラソンやてえ〜!?　おっちゃん本気なんか〜?」

という日本語の、しかも聞き覚えのある関西弁の声が聞こえてきた。

とっさに声がする方を見た満英、

「おっちゃんて、俺の方が若いやん。あれ?　どこぞで見たことある人やな」

それもそのはず、夫婦漫才コンビ『宮川大助・花子』の宮川大助だった。前年、彼も脳出血を発症し、リハビリとして、もともと趣味のひとつだったマラソンを再開するにあたって、相方であり妻である花子はもちろんのこと、多くの弟子を引き連れて、ホノルルマラソンに参加していたのだった。

「脳卒中3年生やて、ワシより先輩やんか。頑張りやー」

「おおきに」

この時はお互いに笑顔で、そのやりとりだけで別れた。

競技本番。様々な状況を想定してはいたが、満英のホノルルマラソン初体験は、その想像を遥かに超えて過酷なものになった。

石野がスタートから付き添い、途中沿道の声援を受けながら、終始マイペースで一歩一歩進む。午前中はまだ足取りもしっかりしていて、適度なインターバルを取りながらでも、まずは順調だったのだが、午後に入った途端に何度も危機が訪れるようになる。それでも休み休みの歩きで、どうにか乗り越えるかに思えたのだが、ダイヤモンドヘッドへの登り坂が続く最後の難所である38キロ付近で、ついに力尽きるように座り込んでしまった。

「立ち止まるのはええんです。また歩き始める時に、上体の姿勢が同じな分だけ、元の動きに戻りやすいですから。でも、座るのは最悪。立って歩くのと、身体の動かし方が全然違いますよね。だから一旦座ってしまうと、歩きを再開させること自体がしんどくなるので」

スタート前から何度も注意されていて、満英も重々承知していたことだったが、10時間近く頑張って歩いてきて、さすがに耐えられなくなったのだ。

懸命にマッサージを施し、テーピングをしたうえで競技に戻る。そこからもう一度気持ちを奮い立たせるように、「イチ、ニ、イチ、ニ」と声に出してリズムを取って歩かせた。

「言葉だけで励ましてもダメなんですよ。一緒に歩いて、一緒にリズムを取ってもらう。あくまでも自分の意志で続けることが大事なんです」

スタートして13時間が過ぎ、〝チーム宮路〟がゴールした時は夜になっていた。

ゴールの周辺はさすがに人もまばらになっていたが、一人の女性が待っていてくれて、満面の笑顔と拍手で満英を祝福してくれた。嬉しかった。

「頑張ってる人には必ず応援する人がつくものなんです。必ずです。それがリハビリをする人にとっては大きなパワーになる」

日頃から口にしていた石野の言う通りだった。

疲労の極限にあった満英だったが、「完走できた」という喜びとともに、自然に溢れた笑顔を彼女に返した。

満英だけでなく、チーム全体にも「やり切った」という満足感があった。


その時間の〝大助・花子〟のチームは、10キロ・ラン&ウォークに参加した大助の完走を祝ってのパーティーの最中。満英のフルマラソン完走の情報は入っていなかった。

「翌朝の新聞に宮路さんの記事が出ててん。〝この人、昨日スタートのところで会うた人やんか、ホンマに完走しはったんやなあ〟言うてねえ」

と後日、裕美子は直接、花子から聞かされることになる。

「帰国する日にホノルルの空港で偶然、師匠らと会うたんです。その時は〝頑張りはったなあ〜、凄いやんか〟、〝ありがとうございます〟くらいのやりとりで、飛行機も別々やったんです。ところが関空に着いたら、到着ゲートのところでまた一緒になって。これは何かの縁やな

クロ(右)とライス(左)を伴っての散歩は 2013 年春まで続いた

発病後、最初のスキー体験。後ろで
支えているのが理学療法士の石野賢

ホノルルマラソンの完走記念に二人で

ホノルルマラソンでは、宮川大助
師匠との〝出会い〟もあった

と思って、そこで初めて、こちらの素性やなんかも含めて、しっかり話をさせてもろたんです」

以来、何かと気にかけてくれて、花子の方から連絡が入るようになる。

『宮川大助・花子』の公演があれば、チケットを用意してくれたり、音楽療法を取り入れたリハビリでハンドベルを使うと言えば、「ウチにええのがあるから貸したげるわ」と言って送ってくれた。また、「近くのアウトレットに来たついでに」と言ってはランチにも誘ってくれた。それは娘のさゆみが運転を担当して、花子の母親が一緒の時もあった。宮川家でのお正月の餅つきや、花見の会にも呼ばれたし、結婚記念日のパーティーにも声をかけてくれた。まるで家族ぐるみの付き合いだった。

「オモロイやろ、4月9日やで。ウチらが結婚したんが〝死(4)ぬまで苦(9)しむ〟いう記念日やねんから」

驚かされたのは、北海道をキャンピングカーで寝泊まりしながら旅行していた時のこと。札幌公演に来ていた花子から裕美子の携帯に電話が入る。それは単なる偶然だったが、あまりのタイミングに面食らっていると、

「車での移動ばっかりやったら疲れるやろ。宿取ってあげるから札幌においで」

と言い出し、さっさと手配してしまったのだった。

そして、これはやりとりを始めた後になってからわかったことだが、そもそも宮川家とは

〝不思議な縁〟があった。

大助、花子夫婦の娘さゆみが乗馬に興味を持ち、人に紹介されてレッスンを積んだのが、北海道のへいはた牧場であったという。満英が、調教助手時代に担当した馬で、忘れられない一頭として名前を挙げたレガシーワールドの生産牧場である。

「聞いた時には腰を抜かすほどビックリしました」

それはそうだろう。どこで何がどうつながっているのかは、本当にわからないものである。

「本格的にウチらがパラ競技に入ってから、なかなか直接お会いできていませんが、お世話になりっぱなしで……」

さらにその後のコロナ禍では思うように動けず、「花子師匠が難病（症候性多発性骨髄腫）を患っているのもあって」ますます会うことが難しくなっているが、２０２１年12月のトークイベントに駆けつけ、２０２３年5月の復活公演にもスケジュールの合い間を縫って応援に行くなど、現在もやりとりは続いている。

そうした『宮川大助・花子』師匠らとの交流期間中も、満英のリハビリは休むことなく続けられていた。いやむしろ、より活発になったと言っていい。

ホノルルマラソンに初参加した翌年には、地元である滋賀県の余呉《よご》湖1周7キロのマラソン大会に参加。既存の大会だけでは飽き足らなくなると、若草診療所で知り合った脳卒中のリハビリ仲間とともに、〝びわこウォーキング〟を始める。

「最初は若草（診療所）で知りおうた脳卒中のリハビリ仲間の奥さんたちと一緒に、お昼のランチを口実にして、旦那たちを外に引っ張り出して歩かせるため、って言うんかな。細かいルールのある仰々しい競技会とかやなくて、親睦会みたいな感じで始めたんです。参加者も数人やったんですよ」

しかし数年後には田村隆光をはじめ、角居勝彦調教師ら多くのトレセン時代の仲間たちや、地元のイベント会社である〝ドリームポケット〟の協力も得て、『一歩から☆（ほし）の会』として定着。年を追うごとに参加者が増えていく。親睦会の雰囲気は残したままだったが、最も多かった年でボランティアを含む２００人近くの人々が年齢、性別を超えて参加し、コロナ禍で開催を中止せざるを得なくなった２０２０年まで毎年続いた。

実はこのイベントにも、大助と花子の二人は弟子を連れて参加している。翌日の公演先に向かう途中だから寄ったのだ、と言いながら、「大助・花子劇団」による歌あり笑いありの本格的なお芝居を披露してくれて、大いに盛り上げてくれた。それは２０１０年のことだったが、その年まで大助・花子夫婦と出会うキッカケとなったホノルルマラソンには毎年参加し、満英はすべて完走している。

〝その年まで〟というのは他でもない。翌年には本格的にパラ馬術競技の世界へと足を踏み出したからである。

第4章

パラ馬術の世界へ

背中を押す仲間たち

満英が馬に乗るようになった、しかも馬場馬術の競技の世界に足を踏み出すという。このニュースは、ほぼ毎朝のウォーキングに付き添っていた田村によって、古くからのトレセンの仲間たちにも、時を置かずに知れ渡ることになる。以前から満英がトレセンに顔を出すたび声をかけてくれた彼らも、ベースはアスリートの競技者だ。満英の新たなチャレンジに興味がないわけがないのだった。

まず、「右半身が動かないんだよな?」に始まって、「乗る時の姿勢はどうするんだ?」ときて、トレセンの目と鼻の先にある島上《しまがみ》牧場の幣旗《へいはた》場長が、片手で乗れる手綱と、それに合わせた頭絡《とうらく》(馬の頭部に取りつける馬具。馬の口に含ませるハミと手綱とつなぐことで騎乗者の扶助を伝える)を用意してくれた。かつてのサッカー仲間で、調教師に転身していた野中賢二はチャップス(騎乗の際にズボンの上から下腿部を覆うように巻きつける装具)を新調してくれた。宇田厩舎時代から30年来の付き合いになる柴田亮一調教助手からは、上半身を保護するプロテクターが届けられた。皆、トレセンを離れて5年以上が経った自分を気に留めてくれていたことが、何よりも嬉しかった。

また、これは本格的に競技生活を始めた少し後年のことになるが、田村から教えてもらったスマートフォンを駆使して、トレセン内の様子を寄稿するアルバイトの際にも、多くの仲間たちが助けてくれた。

先述の野中賢二調教師を筆頭に、内藤繁春厩舎から森厩舎に移籍してきた後輩の平田修調教師や、宇田厩舎時代のつながりでは、元騎手で１９９９年に調教師に転身していた南井克巳率いる厩舎スタッフ、同じく２００１年に調教師となった藤岡健一調教師の厩舎スタッフたちなどが、レギュラー的に登場してはコメントしてくれた。森厩舎の後輩と言えば、２００６年に調教師免許を取得する小崎憲《こざきけん》助手が、入院中の満英にと子供たちが折ってくれた千羽鶴を持って見舞いにきてくれたこともあった。

そして障がい者となった自分に、競馬のこととは関係なく、しばしば声をかけてくれたのが角居勝彦調教師だった。障がい児のリハビリのあり方から、ホースセラピーの可能性、そしてパラ馬術への取り組みに関することまで、満英の現状に関係している話題について意見交換をした。アルバイトとは関係のないところの話だったが、様々な気付きをもらった。

裕美子の力を借りながら、１本のレポートを仕上げるのに数時間を要したものの、かつての仲間たちとの交流は、リハビリ生活を続けながら、パラ馬術の競技者として歩み始めた自分にとって大きな励みになった。彼らからの温かい声援が、発病後の自分の背中を力強く押してくれたことは間違いなかったのだ。

〝馬術〟と〝パラ馬術〟

オリンピック、パラリンピックに限らず、馬術競技が一般的な他の競技と決定的に違っていることとして、「男女が同じ条件下で競う」という点が挙げられる。一部の競技に〝混合〟戦はあるが、個人戦として男女が五分の条件下で争う競技は、今のところ馬術以外にない。

このことは動物（馬）を介するから成立するのだ、という見方ができるかもしれないが、動物を介すること自体が馬術競技の本質であり、また、それこそが唯一無二の競技であることを端的に、かつ象徴的に示していることでもある。

オリンピックで採用されている馬術競技は『障害馬術』『馬場馬術』『総合馬術』の3種目に分けられる。

『障害馬術』は競技用アリーナ内に設けられた様々な色、形をした障害物を、決められた通りに飛越、走行するもので、障害物の落下、不従順などのミスを避けながら速さを競う。障害物の大きさについては、競技グレードによって難易度が変わる。競技会の表記はＣＳＩ(Concours de Saut International)。

『馬場馬術』は競技用アリーナ内で〝常歩（なみあし）〟〝速歩（はやあし）〟〝駈歩（かけあし）〟の3種類の基本歩法を駆使して、様々なステップを踏んだり、図形を描いたり、その演技の正確さや美しさを競う。競技会の表記はＣＤＩ（Concours de Dressage International)。『総合馬術』は「馬場馬術」、「クロスカントリー」、「障害馬術」の３種目を、同一人馬のコンビで行う競技で、３種目の減点合計で争われる（減点が少ない人馬が上位)。クロスカントリー競技は自然に近い状態の地形、コースが使用され、竹柵《ちくさく》、生垣《いけがき》、池、水濠《すいごう》といった障害物が設けられている。競技会の表記はＣＣＩ（Concours de Complet International・クロスカントリーの距離に応じてＬ＝ロング、Ｓ＝ショートが付くケースがある)。

すべての競技会の表記に、大会グレードを示す☆（＝スター）印が付くが、最大５個（ＣＣＩ－Ｓは４個）で、多い方が高いグレードを示す。

一方、パラ馬術競技においては、上記の３種目の中から『馬場馬術』だけが行われる（表記はＣＰＥＤＩで、パラの☆印の最大は３個)。競技中に飛越を伴う『障害馬術』は、動きに自由の利きにくい障がい者にとって、より大きな危険を伴うという理由で採用されていない（危険だから、という理屈を持ち出すなら、そもそも〝乗馬に適さない障がい〟もある。てんかん、ナルコレプシー、低血糖症などに代表される〝意識障害〟は好ましくないとされているし、急性期における関節炎や多発性硬化症。また骨粗しょう症や脊柱側わん症などもその対象に入っている)。

パラリンピック大会においては全競技中、唯一の採点競技であり、動物とともに争われる競技としても唯一である。

パラ馬術に出場する選手は、障がいの度合いに応じてクラス分けされる。グレードⅠ、Ⅱ、Ⅲ、Ⅳ、Ⅴという数字で表され、数字が小さくなるにしたがって障がいの程度は重くなり、歩法も演技構成にも制限がある。障がいの度合いは概ね次の通り。

グレードⅠ（常歩）＝車いす利用者。上体・下肢の筋力が非常に弱い、またはまったくない。
グレードⅡ（常歩・速歩）＝車いす利用者。おもに下肢に障がい。上体の筋力も弱い。
グレードⅢ（常歩・速歩）＝車いす利用者。上体はほとんど、もしくはまったく障がいがない。
グレードⅣ（常歩・速歩・駈歩）＝おもに両上肢に大きな障がい。全盲。
グレードⅤ（常歩・速歩・駈歩）＝おもに上肢に障がい。弱視。

競技に使用される馬場はグレードⅠ、Ⅱ、Ⅲまでが横20メートル、縦40メートルのサイズを、グレードⅣ、Ⅴはオリンピックと同じ横20メートル、縦60メートルのサイズの馬場を使用する。それぞれのグレードで経路は異なる。

採点競技である馬場馬術競技の優劣は、審判員による審査結果を数値化した指標＝〝得点率〟で決まる。基本的な算出方法はオリンピックとパラリンピックで違いはない。審査での重要なポイントとなるのは、決められた経路、課題をいかに正確に、かつ美しく演技できるか、である。具体的な項目をいくつか挙げる。
まず〝着眼点〟として「正確さ（運動内容を正確に行っているか）」、「ペース（歩法のリズムが正確か）」、「活発さ（馬が活気良く歩いているか）」、「調和（人馬が一体となっているか）」が代表的なもの。
〝美しさ〟の方は、「馬の体勢（馬の首がキュッと締まり、頭が上がって地面と垂直な状態）」と、「歩様（特に後肢の踏み込みを指し、歩く際に後肢が前肢のつけた蹄跡により近づくと高評価）」に、「馬のリラックス度（緊張している状態では馬の自然な動きに影響が出る）」などが重要な視点となる。

得点率の具体的な算出方法としては、まず経路の正確性と、設けられている課題（ステップ、図形等）についての出来栄え（芸術性）を10点満点で点数をつけ、その合計点数を満点で割って得点率（パーセンテージ）化。次に各審判員がつけた得点率を合計して、審判員の人数で割って算出したものが最終的な得点率になる（通常パラリンピックでは5人の審判員がジャッジする）。減点が少ない方が数値は高くなるから、得点率の比較では当然、高い数値が上位となる。パラリンピック大会出場のための「選考基準ポイント」という表記は概ね得点率を指す。

試合は「チームテスト（団体予選）」、「インディビジュアル（個人戦）」、「フリースタイル

（自由演技）」の3競技で行われる。

チームテスト（団体予選）は、国別の団体戦が行われるケースで、1チーム3人馬によって構成されるメンバーを決める際の予選扱いになる。ただし個人戦のみに出場する選手にも出場機会が与えられる（経路は個人戦よりもやや易しく設定される）。

インディビジュアル（個人戦）は国別のチーム構成とは関係なく個人として出場する。

フリースタイル（自由演技）は個人戦の、上位人馬のみ出場できる。音楽に合わせて演技をし、経路は自由に選択できる。ただし各グレードで禁止されている動きは取り入れることができない。


パラ馬術競技に特有のルールとしては、馬具を改良した〝特殊馬具〟と〝補助器具〟の使用が認められていて、手綱、鞍、鐙《あぶみ》などは、騎乗者それぞれに合う形状のものを使用できる。健常者の競技では禁止されているムチの使用についても、2本まで、120センチ以下の長さのものが認められている。右腕を使えない満英が左手だけで手綱を操るために装着している木製のバーも、手作りの、特製のものである。

また、高次脳機能障害などの影響で、記憶障害があって経路を覚えるのが困難な選手（満英がそうなのだが）には、声で経路を伝える〝コマンダー〟が、また視覚障害のある選手にも〝コーラー〟が、馬場の外から指示を出すことが認められている。ただ、許されているのは

〝経路の指示〟だけであり、具体的な身体の使い方など〝技術的〟なことを伝えるのは禁じられている。試合前日までに、競技中に選手へ伝える内容を紙に書いて（言語を理解するため）提出し、試合中は〝スチュワード〟と呼ばれる審議委員がコマンダーの後方について、不正がないかどうかをチェックする。そういう流れで競技は進められる。

もっとも、こうした特別なルールが認められているのは、多かれ少なかれパラ競技の種目全般に言えることである。つまりそれだけ選手、スタッフの創意工夫が結果に大きく左右するわけだ。その点を突き詰めながらパラリンピックのような国際大会を見ると、それぞれの国や、その国の人々の、パラアスリートたちへの向き合い方、姿勢といったものが感じられたりもするから興味深い。

そこがパラ競技の意義のひとつであり、大きな魅力でもある。

競技への目覚め

ところで、そうしたパラ馬術競技に出場するために、避けては通れないのが、選手個々の障がいの種類、程度を見極めてクラス分けする認定制度〝クラシフィケーション〟である。障がい者が競技会にエントリーする際に必要であり、認定を受けていない選手は公式競技には出場できない。

満英がホノルルマラソンに挑戦することになったのは、再び馬に乗れたことがキッカケになったが、乗馬はハワイに向かう準備をしていた２００８年当時も、当然、リハビリの一環として並行して続けていた。その頃の話。

「この際だからクラシフィケーションを受けてみよう」

ということになった。

障がいの程度を示すグレードは、現在はⅠ〜Ⅴに分類されているが、２００８年当時はⅠａ、Ⅰｂ、Ⅱ、Ⅲ、Ⅳの順で表記されていた。数字が小さい方が障がいの程度が重いことは現在と同じで、満英は重い方から2番目、つまりⅠｂの認定を受けた。

発病直後の症状、後遺症の程度がわかった時は、もう一度馬に乗ることなど思いもよらなかった。だから回復期に入って馬に乗れるようになった当初も、パラ馬術の世界に本格的に進むことを意識していたわけではなかった。ただ、競技会等への参加については、

「リハビリを継続的に、楽しく続けるモチベーションになる」

という思いもあって、二人ともに前向きではあった。

いずれにせよボートレーサーに気持ちが傾いたかと思えば、競馬の世界に身を置き、生死を彷徨《さまよ》う病を発症後に身体が不自由になりながらもマラソンに挑戦してみたりと、生来、勝負事……というか、もっと根源的に〝競う〟行為が夫婦揃って好きなのだろう。だからこそ、少しずつ馬上での動きに幅が出てくると、ごく自然な心の動きとして、競技会への出場に気持ちが

向くようになる。

２０１０年10月。島根県浜田市金城町《かなぎ》の「かなぎウエスタンライディングパーク」で行われた第18回全国障がい者馬術大会が、本格的な競技会デビューとなった。その当初は、競技会に参加することに意義があるのであって、結果にはまったくこだわっていなかった。翌２０１１年10月に大分県玖珠《くす》郡にある「エル・ランチョ・グランデ」で開催された同大会に出場した際も、取り組む姿勢としては変わりはなかった。

それから2カ月後の２０１１年12月、オーストラリアのメルボルンで行われた競技会に出場する。れっきとした世界大会だったが、選手の競技経験を積むために行われるコンソレーション競技のメンバーとして、サブメンバーというより、研修生のような立場で参加が許されたのだった。

満英の他に出場した日本人選手は浅川信正《あさかわのぶまさ》、鎮守美奈《ちんじゅみな》（アテネパラリンピック大会出場）、高田華羊《たかだかよ》の3人。彼、彼女らにとっては、ロンドンパラリンピックの代表を決める選考会的な大会だったことは、満英も後日、知ることになる（浅川が出場）のだが、無論、この時点ではまったくの蚊帳《かや》の外。そこでの得点率は58・889％だった。

「初めての世界レベルでの試合やと思ったら、まあまあでしたけど、ＪＲＡＤ（日本障がい者乗馬協会）が用意してくれた馬のおかげやったところが大きかったんです。技術的には全然未熟だったことを思い知らされました（騎乗馬はシドニーパラリンピックに出場し、20歳の経験豊富な芦毛馬ロンサム）」

そして二人の闘志に火がついた。その火は、特に裕美子の方が大きかった。そこにはひとつの、決定的で、大きな気付きがあった。

二人三脚の道

「夫が調教助手やった時は、馬の仕事に従事して生活の糧を得てるわけですから、もちろん馬が居てこそ自分らの生活が成り立っている、と思っていました。けど、馬とはそれ以上の付き合いがあるかというと……とにかく私自身が馬に関わるなんて、考えたこともなかった。そやからパラの競技のために試合について行っても、会場の厩舎棟の馬房の傍に立ってるだけで、馬の世話をしてくれているスタッフに、すべてのことを任せっ切り。現場では自分は何ひとつできなかったんです」

簡単に「競技に出場する」といっても、騎乗する馬を選手の一人一人が個人で所有しているわけではない。所属する乗馬クラブであったり、世界大会などでは選手を派遣する統括団体だったりから貸与された馬に騎乗する場合が少なくない。そこには当然、馬を用意したクラブや団体が、馬の世話をするスタッフを同行させることになる。その彼や彼女に、任せっぱなしだったということだ。

だから裕美子が何もできなかった「すべて」というのは、経路の確認や注意事項といった競技に関することはもとより、馬房の掃除に始まり、馬を厩舎から出し、入れる、といった基本的な引き馬作業や軽い運動とか。またエサの用意や食べる様子のチェック、乗る前の馬装などなど、馬に関わるための厩舎作業全般が含まれる。

つまり自分は馬のことを「知らない」し、「触れない」ということを、競技生活を送る中で真っ向から突きつけられたのだった。普段は夫の身の回りを世話していても、いざ競技で馬上の人になった時に、自分は何ひとつ協力できない。

「これじゃアカンわ……」

初の海外遠征となった２０１１年12月のオーストラリア・メルボルンでの競技会。そこで裕美子が得た決定的な気付きだった。

〝馬が居てこそ生活が成り立つ〟という理屈は、直接的な言い方に置き換えれば、〝馬はお金（生活費）を稼いでくれる生き物〟ということになるだろう。だから当然、感謝はする。が、一方で、それ以上でも以下でもない、という感覚だったかもしれない。

しかし今はそうではなくて、〝自分たちの生活のすべては馬とともにある〟といったような意識の変化だった。

その意味では、裕美子にとってはこの日が事実上のセカンドバースデーだったのかもしれない。ここからが〝新しい人生〟の始まりだった。そしてそれは、満英と裕美子の本格的なパラ馬術競技における〝二人三脚〟での戦いの始まりでもあった。

そして、本気になった裕美子の〝馬修行〟は、例によって徹底していた。厩舎作業は乗馬クラブでの見よう見まねだったが、率先して取り組んで身体に染み込ませ、馬術の専門用語などは座学として教本を読み込み、スタッフが口にすることと擦り合わせながら、ひとつひとつを覚えていった。次第に視野が広がると、馬の動きも、連動する騎乗者の動きも徐々に、かなりの精度で理解できるようになる。その修得スピードは驚嘆すべき速さだった。

「急に何を始めるんやと思いましたよ。そんなん今からやって、簡単に追いつけるわけないやないか、と。それがまさか馬に乗るまでになるやなんて。わからんもんです」

満英も舌を巻くほどだった。

「その頃、自分がどういう動き方をしていたのか、あんまり覚えてないんです。無我夢中いうか、集中してたというか。とにかく必死やったですから」

事もなげに振り返るが、後に自主トレーニングの際のストレッチに、体幹トレーニング、マッサージの施術の仕方や、筋肉疲労のケアに効果が見込めるキネシオテープを使用する際にも、似たような能力を発揮する。要はどんなジャンルであれ、見よう見まねで簡単に〝型〟を覚えてしまう。これはアスリートに限らない、ある種の才能の類と言っていいものだろう。

しかし、こうした裕美子の特性は、実は昨日今日、培われたものではなかった。

そもそも夫が身体障がい者になりながら、戸惑いを感じつつもスムーズに受け入れて、普段通りの生活を送れたのには理由があった。若い時分から湖南市の「健康推進課」の介護ボランティアに登録し、脳卒中の後遺症を持つ人たちと身近に接することで、介護の手順や話し方など、障がい者とやりとりするのに必要な基本的なノウハウを、すでに身につけていたのだ。

「健康推進課」では食育も学び、健康志向も高かった。もともと料理は得意だったが、常連客として親しくしていた草津市の居酒屋を手伝ったり、トレセン近くで厩舎関係者が営業していた居酒屋が休業すると聞くや、ピンチヒッターとして2カ月ほど母親と一緒に代役をかって出たこともある。

とにかく、目の前に出された課題について、その時その時の状況に応じて、器用に立ち回ってクリアする。学習能力が高いと言うべきか、学びのチャンスがあるとすぐに自分のものにしてしまえる能力がある、とでも言うべきか。

「他人の顔色を見ながら、というのが苦手で、何でも一人でやりたい方なんです。やり始めたらとことんやってしまうというか……。これは昔からでした」

やはり勘の良さとはまた違う、もともとの資質、と考えて良さそうだ。この特性は後に満英のコマンダー役を務めることになるのにも生かされた。

「コマンダーは本来、そんなに注目されるようなポジションではないんです。ただ、遠征先や競技会場で何かアクシデントがあった時とかに、最後に頼れるのはやっぱり自分たちしかいないんだ、と思ったんで……。それで自分でやるようになっただけなんですけど」

とにもかくにも、そうして本格的に二人三脚での競技人生を歩むことになる。

その二人の動きに刺激を受けたかのように、ほぼ同じタイミング（２０１２年）で石野もクラシファイアーの資格を取得する。

パラ馬術選手が、まず最初に受けなくてはならないクラス認定。それをクラシフィケーションと呼ぶのは先に記した通りだが、クラシファイアーとは、実際にその認定をする担当者のことを指す。この取得には医師または理学療法士の資格が必要になる。

満英がクラシフィケーションを受ける際に、裕美子が石野に言ってみたのだ。「先生、どうせやったら、クラシファイアーの資格を取らはったらええのに」と。

２００８年のことだった。その時の裕美子はあくまで冗談半分だった。ところが、それから4年を経て、石野はこれを実行に移したのだった。

「患者さんが興味のあることに、自分も興味を持つ、ということに尽きます。知らなかった世界を知るのも、面白そうじゃないですか。それと、できる限り患者さんの要望に応えたい、というのもありますね」

石野がいつも口にする、患者と向き合う際のユニークな基本姿勢のひとつではある。しかし、何しろ費用はいつも自前なのである。

「そのことに驚かされるんです。近所に行くわけやないのに、僕も行ったげるわ、って言わはってホノルルまで付き添ってくれたり、クラシファイアーの資格を取るにも講習会とか試験とかがあって、当然、時間も費用もかかるでしょう。簡単に取れるわけやないのに……。いろんな人を引きずりこんでしもてるなあと、今になって思います」

この時に石野が資格を取得したことが、その後……特に東京２０２０パラリンピック大会で生かされることになるのだった。

新しい師匠

２０１２年11月。三木ホースランドパークで行われた第20回全国障害者馬術大会に出場。選手宣誓を満英が任される。緊張した満英、宣誓を選手の方を向いてしゃべり出す。大会役員が慌てて満英に注意を促しに駆け寄って事なきを得たが、そんなアクシデントに会場は笑いに包まれ、全体に和やかな雰囲気で開幕した。

しかし、試合が始まると一人の女性ライダーの演技に驚かされる。得点率が発表されると会場がどよめいた。当時の国内選手では滅多に見られない70％台の数字を、高田華羊選手が叩き出したのだ。

あくまで日本国内の、言わばローカル大会のこととはいえ、その数字にも、演技そのものにも驚かされた。が、より衝撃的だったのは、彼女の変貌ぶりだった。前年のメルボルンでの大会でも彼女の騎乗ぶりは見ていたし、「上手だな」とも感じていた。ところが、この日の演技は別人かと思えるほど。まさに〝一変〟していた。

その秘密（？）を知りたくて、試合後、話を聞こうと馬房を訪ねると、見覚えのない女性がいた。高田から「今教えてもらっている先生」だと紹介されたその人が大木《おおき》道子《みちこ》だった

大木は１９５４（昭和29）年生まれ。父はＪＲＡ馬事公苑の苑長を務め、母方の祖父は戦前の馬政局（大日本帝国時代の軍馬の改良、育成を目的とした行政機関）に務めた人物だというから、生粋のホースマンの血筋をバックボーンに持つ。

自身も日本大学獣医学部に在学中、馬術部の中心選手として活躍。卒業後は乗馬クラブのインストラクターの傍ら、早くから障がい者乗馬の指導者としてキャリアを積み、日本のパラリンピック初参加となったシドニー大会では代表チームのコーチを務めた。東京２０２０のパラ馬術競技をグリーンチャンネル（競馬専門チャンネル）が生中継した特別番組では、ゲスト解説者として出演して好評を博している。

言ってみればパラ馬術界では知る人ぞ知るレジェンドだったし、馬術界に限らず、父親が関連施設の職員だったことや自身の学生時代の交遊関係からも、ＪＲＡ関係者にも知り合いは少なくない。満英も裕美子も、そのような経歴はまったく知らずに、その場で教えを乞うた。

直感だった。

大木から、「一度見てあげましょうか」との言質《げんち》を取った裕美子。大会会場だった三木ホー

スランドパーク（兵庫県三木市）を後にすると、滋賀の自宅を素通りして名神、中央の高速道を車を走らせ、翌朝には大木の経営する乗馬クラブ「リファイン・エクインアカデミー」にいた。満英にとっては、調教助手になる前の内藤繁春に、優駿牧場時代の河内信治、そして栗東トレセンに入ってからの宇田明彦に続く、新しい〝師匠〟であった。

山梨県北杜《ほくと》市。最寄りの小淵沢《こぶちさわ》インターチェンジを出た正面には、一枚のウェルカムボードがあった。

〝標高１０００ｍの天空リゾート　馬のまち〟

鬼コーチの指導

満英の指導を引き受けるに至った理由について、大木は述懐する。

「病気の後に、また馬に乗ってみてどう思った？　って聞いたら、凄く気持ち良かった、って言うのね。じゃあ大丈夫かな、と思って」

大木の質問の真意はというと、

「一度落ちて大怪我をしたり、馬に乗っていて何らかのアクシデントを経験したことがある人は、どうしても記憶に残っているもんだから、楽しさよりも怖さの方が先にきちゃうことがあるんですよ。それだとなかなか長続きしないのね。それこそ、競技に出たいのなら本気でやってもらいたい。こっちだっていい加減な気持ちではやりたくないし、障がいがあるからって理由で甘やかすつもりはまったくないですから。それですぐに嫌になられるくらいなら、最初からやってもらいたくないもの」

指導者としての信念だった。

シドニーパラリンピックのコーチを任された当時のこと。

「パラ馬術に参加する人の裾野を広げる意味もあったと思うんですけど、最初の頃はなかなか技術が追いついていない選手も少なくなかったんです。仮にそういう選手を世界レベルの大会に派遣しても、対戦する他国の選手には失礼になるし、それ以上に、選手本人を精神的に傷つけることにもなりかねないでしょう。それで馬に乗ることや、馬そのものまで嫌いになられたりしたら本末転倒じゃないですか。それが私には我慢できないのね。本当に嫌なんです」

馬術競技、ひいては馬に対する思い……いや、愛情だった。

それにしても……である。

「違う違うっ！　そこはゆずらないっ！　遊ばれてるんだって。あ〜、足は動かさない。違うって、宮路さんの足だよ、ブラブラさせないのっ！　わからないっ？　右足だよ右……」

（いまさら言うまでもないが、満英の右半身は麻痺している）

入門の扉を叩いて、本格的なトレーニングが始まると、すぐに大音量での叱咤《しった》が飛び始めるのだ。しかも次から次に課題が出されて、トレーニングに費やす時間のほぼすべてを通して、である。1回のトレーニング時間は、馬の状態もあるため、おおよそで1時間弱。しかし、オーバーすることも珍しくはない。

「人にも馬にも、納得できるイメージを持たせたうえで終わらせたいから」

がその理由。

それは「甘やかすつもりはない」どころではない厳しさに感じられる時もある。例えば、麻痺のある右足の動きへの指導についてもそうで、

「私がパラの選手の指導を始めた頃、アメリカに見学に行った先の有名なコーチが、片方の足が欠損しているライダーに、同じような指示を出してたのね。それが私にはかわいそうだとか、ましてや虐待だなんて全然感じられなかった。それでコーチに確認してみたら、頭の中で意識するだけでも、脳の別の部位を刺激することになって、全体の動きとして好反応につながるんだ、って言ってた。やっぱりそうか、って。我が意を得た感じでしたよね」

こうしたレベルの指導が最初から課せられるのだった。〝障がいを抱えた身〟と自覚している選手たちが、面喰らったとしても不思議ではないだろう。

それこそ今の時代、一歩間違えば険悪になってもおかしくないレベルかもしれない。いくら師弟関係とはいえ、満英の場合は教わる方も還暦を目前にした年齢だ。しかも夫人同伴。お互いにやりにくいことはなかったのだろうか。

「しょうがないじゃないですか。私は誰に対しても同じだから」

と大木が言えば、

「自分はあれくらい言われてちょうどええんです。時々、きっついなあ、と思うこともありますけど」

と満英。語尾はペロッと舌を出しながらだったが、いつもの笑顔で折り合っている。指導者とアスリートの、トレーニングの場における人間同士の緊張感というのは、どんな競技であれ独特だ。あるいは、父親の仕事柄、大木も子供の頃から競馬場の匂いのわかる馬術家だから、どこか波長が合う部分があったのかもしれない。

そして同じように、

「先生にあれくらい言うてもらわんとアカンのです。甘やかすと、ちゃんとやろうとせん人なんで」

と言っていた裕美子。大木の指導方法、内容を全面的に信頼し、それを間近で見続けているうちに、「門前の小僧習わぬ経を読む」ではないけれども、持ち前の学習能力の高さで、自身が〝鬼コーチ〟に変貌するのに時間はかからなかった。

ただ、裕美子が〝コーチ〟役になるこのケースは、指導者と選手であり、〝夫と妻〟でもある。指導方法が生ぬるくなっては意味がないし、厳しく言い過ぎれば感情的になりやすいだろう。まして満英にしてみれば、自分は長い間、馬に触れ合ってきていて、裕美子よりは馬のことがわかっている、という自負もある。

「ホンマに腹立つ時もありますよ。でもまあ、馬の上で冷静に考えたら、言う通りやなあ、とか思って」

と言う。

これについては大木も、

「選手の親兄弟とか、それこそ奥さんとかが指導に口を出すのは、決していいことではないですよ。私も、これまでは当然、採用してこなかった。だから裕美子さんの場合は異例中の異例にはなるんだけど、横で彼女が口にする意見や、質問なんかを聞いてるうちに、言ってることが間違いではないな……というか、的確だな、と思えるようになってきたのね。これなら私と二人で見るような形でもいいんじゃないかなって思って。もちろん、ん？　違うかな？　と思った時には口を挟みますけどね。でも真面目な話、彼女は本当にいい目をしてますよ」

かくしてトレーニング中、次第に二人の女性から次から次に厳しい声が飛んでくるようになった。

今の時代、「男だから」だの「女だてらに」みたいな表現は、偏見として糾弾される材料になりかねない。が、そういった小難しい話など、どこ吹く風、のように、馬上で黙々と、いや必死になって課題をこなすことに集中する満英。

「本気で腹が立っても、馬の上に居ると一瞬かなあ。そこで文句言うても、しゃあないですから」

これは「障がいを抱えるようになってしまった一人の男の」といったようなレベルの話ではなく、それこそ「一人の人間の悟りに似た境地」なのかもしれない。一瞬、カッとなっても動じることはなく、飄々《ひょうひょう》としてやり過ごす。生まれつきの性格、素養なのだろうか。

ともあれ、そんな二人の鬼コーチがタッグを組み、一人のパラアスリートとして少しずつパラ馬術に馴染んだ満英。例によってまた次のステージ、すなわち〝本場〟での修行に気持ちが向き始める。

現実と向き合って

山梨でのトレーニングがスタートした２０１３年に、２０２０年に行われるオリンピック・パラリンピックの開催地が東京に決定した。

ニュース報道を見た満英も、

「出られたらええなあ」

と漠然とは思ったものの、この時点ではまったく現実感はなかった。

当時の日本における障がい者を対象にした乗馬、馬術というのは、あくまでもアニマルセラピーとしてのリハビリの延長線上に位置付けられていて、真剣勝負の〝競技〟とは少し性格が異なっていた。要するに、大木のもとでどれだけ満英が厳しいトレーニングを積んでも、その成果を発揮する場がなかったのだ。そのことに物足りなさを感じ、健常者の大会に出場して、できる限り実戦をこなすこともしてはいたし、その効果を実感してもいたが、かといってパラリンピックの舞台は、夢のまた夢のステージに感じられた。

また、それ以前の話として、満英自身が〝パラ馬術〟というものに、ようやく慣れてきたばかりに過ぎなかった。競技としての〝馬術〟を始めてみて、改めて〝競馬〟との違いに戸惑う部分も否めなかったのだ。乗馬の奥深さを初歩から突きつけられた感じ、だろうか。

「競馬の場合は、最初は馬を抑えていても、少しずつ力を解放させてやって、最後は前へ前へ、でしょう。馬術はそれとは真逆になりますから。始めたばかりの頃は、戸惑うというか、やっぱり難しかったです。あ、難しいのは今もか」

といったようなことだ。漠然と夢に描いたパラリンピックは、〝夢のまた夢〟どころのステージではないようにすら思えた。

それでも、〝難しい〟からといって、馬術競技が決して嫌になることはなかった。少しずつでも上達しているのが、「自分でもわかる」からだった。それはリハビリの途中経過としての機能回復、という意味でも悪くない傾向だったし、気持ちのうえで前向きさを保つことにもつながっていた。

しかし、何より重大な、現実的な課題も立ちはだかっていた。

これは馬術競技そのものの課題とはまったく別次元の、もっと現実的で切実な、クリアしなくてはならない大きな壁。それはパラ馬術選手としてスタートした当初から、というわけではなく、満英が病気に倒れたその瞬間から二人が向き合うことになる最も重要なことだった。活動費用、それ以前の、生活していくために必要な資金繰りの問題である。

満英が病に倒れて以降の生活費は、調教助手時代の蓄えと、退職金、障害年金、生命保険の給付金等でまかなってきた。手術、治療、入退院、長期リハビリをスタートして以降の費用すべて、である。

それでは出ていく一方だから、裕美子は空き時間を利用してアルバイトをして家計の足しにした。満英が週に1度、朝の歩行訓練の際にトレセンを訪ね、リハビリ中に使用法を覚えたスマートフォンを駆使して、インターネットの競馬サイトにトレセンのレポート記事を寄稿する、といった慣れないアルバイトをしたのもこの時期からだった。

しかし滋賀と山梨、生活する拠点が2カ所になれば、支出も格段に増える。単発的なアルバイト収入だけでは、二人分の生活費をカバーするには遠く及ばない。そもそも生きた動物を扱う馬術競技自体が、大きな経費のかかる競技でもあり、手元の資金は目減りするばかり。先々の不安を抱えたままでの競技生活だった。

だから、その前後する時期に二人は徹底した倹約生活を送った。

二重生活を送る山梨での滞在は、もともと所有していたキャンピングカーが宿代わりになった。標高は１０００メートルを超し、氷点下の冬場も、夜は寝袋に携帯カイロを併用するなどして暖を取りながら過ごした。食事も店舗で取ることはなく、大抵はスーパーやコンビニの惣菜のあり合わせで済ませて、できる限り出費を抑えた。娯楽なんてとんでもないことだった。

「正直、しんどかったですよ。暗い気持ちにはならなかったですけど」

とは言うものの、それが毎日の生活だと思うと、精神的にはギリギリだったに違いない。

ひと口に〝競技人生〟といっても、決して華やかなことばかりではない。こういった過程としっかり向き合ってこそ、〝明るい未来〟というものは開けるのだろう。

第5章

リオの財産

パラリンピックへの憧れ

２０１５年2月。満英は静岡県掛川市のつま恋乗馬倶楽部で行われた『ジャパン・オープン２０１４ファイナル　パラ馬場馬術競技会』で優勝。この時点でリオパラリンピックは1年半後。当時日本国内では、出場するために必要な選考基準ポイントを取得できる国際レベルの競技会が不定期にしか行われておらず、ヨーロッパ各地の大会を転戦しなくてはならなかった。その各大会にエントリーする期日が１カ月後に迫っていた。

ＪＲＡＤから各選手に打診があったが、何しろ地球の裏側で行われるパラリンピックへのアプローチである。名乗りを挙げた選手はいなかった。そう、満英一人を除いては。

これについては、いつもなら熟考して意見を口にする裕美子も、ほぼ即断で、

「やってみよう」

と背中を押した。

大木は当初、「ヨーロッパを転戦してポイント取っていくのはきついよ」と懐疑的な意見を口にしていた。それは本場の高い壁を知っていることもあるし、拠点を2カ所持つことの困難さ、また、それに伴う満英の身体への負担を心配してのことでもあった。それでも、「本場の馬術の世界を経験するのはいいことかもしれない。それに、やっぱり本人たちの意欲が一番大事だな」と思い直す。そうして、全面的な協力態勢が出来上がる。

とはいえ、満英と裕美子には何のアテもなかった。心の拠り所、といったようなものがあったわけでもない。裕美子は言う。

「よう考えたら無謀ですよね。そやけど、なんでかな……。どうしてもやってみたかったんです。二人で」

その夏で発病からちょうど10年が経とうとしていた。生きていく希望がようやく見え始めてきて、この先も二人で喜びや悲しみ、苦しみも含めて、あらゆることを共有し、分かち合って生きて行くためには、馬術競技、いや馬とともに生きていくことこそ最も重要であり、何ものにも替えられないことではないか……。

この時点では、まだ〝確信〟と呼べるものではなかった。が、この気持ちを抑えることはできない。そんなふうに思えたのだった。

もう一人の師匠との出会い

地球の裏側で開催される大会に名乗りを挙げる選手が現れた。当人たちの事情がどうであれ、それはパラリンピック連続出場に黄信号が灯っていた日本パラ馬術界にしてみても、明るいニュースであり、そこはＪＲＡＤの対応も早かった。ヨーロッパの大会を転戦するには、それ相応の拠点が必要になるが、満英がＪＲＡＤから紹介されたのは、オランダ北ブラバント州ベストで牧場を経営するミランカ・シェレケンスだった。

オランダ代表チームの元コーチで、シドニーパラリンピックでは個人戦で金メダルを獲得したヨープ・ストッケルも指導した。このストッケル選手が、２０００年にＪＲＡＤの要請で模範演技を披露するため来日。その時からの縁で、彼を仲介することでミランカが紹介されたのだった。これによって満英は日本、オランダの二つの国で、二人の女性コーチに師事することになったわけだ。２０１５年６月に現地で初対面。大木に負けず劣らずの鬼コーチだった。

「ミランカはあまり多くの指示を出さず、ポイントだけ重点的に、という教え方。お互いに言葉がわからへんから仕方ないんですけどね。でも、ちょっとでも甘い乗り方をしたら、大声で〝ミッツー〟と言って怒りますよ。ミランカも大木先生と同じで、障がい者やから特別扱いするんやなくて、〝健常者と同じように扱う〟という方針なんです」

オランダのコーチと聞いて興味をそそられるのは言葉の問題だが、裕美子の方には、「みんながしゃべってるのは何語なんやろ?」という程度の認識しかなかった。しかし、ここでも〝得意技〟を発揮する。

「会話は身ぶり手ぶりです。ミランカも他のスタッフも、私らみたいな外国から来る生徒さんとのやりとりに慣れてはるんですよ。しばらくしたら、向こうが片言の日本語を覚えてくれたりして」

オランダでの生活は何もかもが刺激的だった。

ミランカの経営する牧場は、彼女と夫のビクターの二人が中心となって切り盛りしていたが、満英と裕美子も朝早くから預託馬数頭の世話を手伝い、午前中から夕方までレッスンにやって来る生徒たちの様子を見学。空き時間に満英の騎乗を見てもらいながら、試合でコンビを組むことになる馬とのマッチング（馬との相性を探るための試乗）をして、夕方になると馬房の掃除と夜のエサの準備をして後片付け。そして夜はミランカの手料理で夕食を済ませると、あとは寝るだけ。そんな毎日だった。

その寝床というのが、厩舎の馬房を改造した仮眠室。上下にしつらえられたベッドだけの、殺風景なスペースである。当然ながら馬房に居る数頭の馬との同居（？）になる。無理強いされたのではない。宿泊場所に悩んでいると、「ここで良ければ」と見せてくれて即決した。当時は国際大会への派遣を目指した強化指定制度などはなかったから、オランダ国内での生活費は自腹。その費用を節約するためだった。

「でも、居心地はともかくとして、知らない国で、夜寝る時は自分らと、周りにいるのは馬たちだけ……。満たされてるというのか、何か楽しかったですよ、ねえ？」

満英も黙って頷く。

いまさらながら、夫婦仲は悪くはない。とはいうものの、傍で見ている方が恥ずかしくなるほどの仲睦まじさかというと、そんな印象も受けない。実際、些細なことで口論になったりするし、その際はお互い険しい表情にもなる。でも、勝負の世界に身を置くアスリートならではなのかもしれないが、お互いすぐに何事もなかったように折り合える。

「夫婦の危機？　それはまあ、これだけ長く一緒にいると、いろいろありますけど……」

と裕美子は語尾を濁すが、表情に暗いところは微塵もない。乗り越えて来て今がある、そういう自信……いや、達観した心の世界がある。

そういう二人にとって、馬漬けの毎日を過ごした初めてのヨーロッパ遠征は、夫婦の絆を深めた〝旅路〟のひとつだったのかもしれない。

アクシデントを乗り越えて

パラリンピックの出場資格は、個人戦も団体戦においても、ＦＥＩ（国際馬術連盟）が定めた選考基準に基づいて決定される。
①ＦＥＩが定める期間の、
②ＣＰＥＤＩ☆３以上の大会を選考対象試合とする。
③各試合の「チームテスト」及び「インディビジュアルテスト（個人戦）」の最終得点率を合計し、２試合分を合計したものを選手の持ち点とする。２試合で馬が異なる場合でも持ち点に適用する。
④２試合以上に出場した選手は合計得点率の高い上位２試合の成績をその選手の持ち点と

する。２試合で馬が異なる場合でも持ち点に適用する。
⑤各選手の持ち点をランキングし、ランキングが高い選手から選考する。
⑥持ち点が同じ場合はランキング対象となる2試合の、インディビジュアルテストの最終得点率を合計した値が高い方を優先。最終得点率が同じ場合はランキング対象となる2試合の、インディビジュアルテストの主任審判員の総合観察点が高い方を優先。
⑦期間中の選考対象試合において、１試合でチームテストまたはインディビジュアルテストの最終得点率が70％を超えた選手は自動的にランキング１位とする。70％以上の選手が複数いた場合は70％以上の最終得点率が高い方を上位とする。
⑧上記で決定できない場合は、パラ馬術強化本部で協議し決定を行う。
⑨グレードⅠ、Ⅱ、Ⅲの選手の中から1名を必ず選考し、チーム（団体戦）での参加を優先とする。

出場選考基準は変更が加えられるケースもあるが、概ねこの基準で選考が行われる。各選考大会を終えて、与えられた出場枠の定員数を超えた場合、国別に選ばれる個人戦は得点率の上位から、団体戦に出場するメンバーは各国の選定基準に委ねられる（それぞれの国の馬術競技を統括する団体のルールに従う）。

２０１５年当時は、日本国内には☆3レベルの大会がなかった（不定期に行われるケースはあった）。そこで、該当するグレードの大会が多く開催され、かつ短期間に転戦が可能になるヨーロッパへの遠征が、選手たちにとっての必要条件になるわけだ。

満英の緒戦はオランダに到着して3日後。フランスに移動してのミュルーズ大会でチームテスト65・280％（6位）、個人戦63・241％（6位）、フリーでは68・400％の高得点率を叩き出して5位。

続いてドイツのユーバーヘルン大会はチームテスト63・067％（9位）、個人戦66・839％（8位）、フリー64・500％（7位）。この2戦はミランカが用意した今回が初コンビとなるオキー号で臨んだ。オキーは17歳の騸馬で、最初に跨った時から満英は相性の良さを感じていたが、実戦ではそのイメージをはるかに超えて、満足のいく結果を残せた。

その後、イギリスに移動して出場したハートプリー大会だけは別の馬（スクランブル号）と臨み、チームテスト61・320％（6位）、個人戦59・793％（6位）、フリー61・900％（5位）。もうひとつ得点率が伸びなかったのには、ちょっとした理由があった。思いもよらぬ大きなアクシデントに遭遇していたのだ。

入国の際の、ヒースロー空港でのロストバゲージだ。初めて体験するヨーロッパ旅行の洗礼を受けたようなものだったろう。初めて訪れた知らない国で、言葉の通じない空港スタッフとのやりとりである。まったくラチが開かず、JRADが手配した現地の通訳との合流時間が近づいて気が急《せ》くばかり。途方にくれていた。

そこにたまたま通りがかったのが、流暢に英語を話せる日本人男性。事情を話すと通訳をかって出てくれた。遠い異国の地で、初対面の日本人からの思わぬ親切。そのおかげで、ひとまずロストバゲージと入国手続きに関する諸々の苦境は脱することができた。

しかし、馬具一式の詰まったキャリーバッグは手元にないままだ。大会初日、２日目は試合に必要な最低限の用具をレンタルせざるを得ず、競技以外のところで悪戦苦闘することになってしまった。それでも最終日のフリー演技の直前に、紛失した荷物が手元に戻ってくる。何とか無事に全日程を乗り切れたことは幸運だったたし、納得はいかないなりに、悪くない結果を残せたことにも満足できた。

初めて経験した約３週間のヨーロッパ遠征は、イギリスで遭遇したアクシデントも含めて、得難い体験の連続だった。そのうえで、リオパラリンピックに向けての手応えも十分に得ることができた。記憶に鮮やかで印象的な３週間。後年に二人が抱くことになるヨーロッパの馬文化への憧れ。それがはっきりと脳裏に刻まれた遠征だったと言えるだろう。

同年7月に日本に帰国。10月に再びオランダでトレーニングを積み、イギリスに渡ってバーリーファームのローカル大会に出場してオキーとのコンタクトを確認。一旦帰国後、年が明けた16年1月に三度《みたび》オランダに渡り、ゲーネンマイデン大会に出場する。

1月のオランダということで、「めっちゃ寒くって、町の中が真っ白なんですよ。これはもう、〝氷の世界〟やな、みたいなこと言うてました」という条件の下、チームテスト65・７３０％（６位）、個人戦63・７９０％（５位）、フリー66・３３３％（５位）でまとめ切る。この時点で二つ設けられている個人戦のアジア枠の最低基準ポイントをクリアし、あとはライバルの動向次第、というところにこぎつけた。

「これでリオに出られるんかな?」

と満英が戸惑うのも無理のないくらいのトントン拍子だったが、思わぬところに落とし穴が待っていた。リオパラリンピック開幕を7カ月後に控えた2月、コンビを組んでいたオキーが脚を傷める故障を発症したのである。


先述した通り、パラ馬術競技はパラリンピックで唯一、馬が参加する競技で、唯一の採点競技だが、出場するための基準ポイントは、人と馬とのペアで取得しなくてはならない。つまり、馬が故障を発症して出場が不可能になる今回のようなケースでは、別の馬とコンビを組み直して、改めてポイントを取り直す必要が生じる。

「ホンマにね、最初に跨った瞬間から大人しくて従順で。そのうえ動きもいい。一発で〝おっ、この馬ええな〟と思いましたから。それぐらい自分とは相性が良かったんですよ」

と満英本人がベタ誉めするほど乗馬として資質の高いオキーだったからこそ、自信を持って騎乗することができて、順調にポイントを取得できた部分もあった。その馬の突然の離脱はショックだったし、あまりの不運に動揺もし、不安も大きかった。当時のアジア圏内には強力なライバルは少なく、すぐに出場枠が埋まることはなかったが、とはいえ仕切り直す時間もそれほど残されてはいない。

急きょ4月にオランダへ発ち、新たな相棒候補とのマッチングを兼ねてベルギーのワレヘムと、オランダのローゼンダール大会に出場。ミランカが用意したのはオディプス号とバンデーロ号の2頭で、それぞれ相性は悪くなく、この2大会で2頭ともに基準ポイントはクリアできた。あくまでも他国の選手の動向ひとつではあったが、事実上リオパラリンピックへの出場が決まった瞬間だった。あとはパラリンピック本番に向けて、いいコミュニケーションを築けるのはどちらの馬か、ということになった。

ポイントそのものはオディプスの方が上だった。ただ、バンデーロは体高が１８０センチ以上あって見栄えがいい（一般的なサラブレッドで体高は１６０～１７０センチ）。２０１６年にオディプスは16歳になるのに対して、バンデーロは10歳と若い。ミランカはバンデーロを推し、日本で映像を確認した大木も「伸びしろも込み」でバンデーロを勧めた。

二人の師匠が同じ答えを出したのなら迷うことはなかった。

リオパラリンピック挑戦を決意して、日本とヨーロッパの二重生活という怒濤《どとう》の1年を過ごし、開幕まで3カ月を切った２０１６年6月のことである。

それからの日々はさらに慌ただしかった。

6月24日にリオパラリンピックの代表選手が発表されると、〝ＪＲＡの元調教助手による異分野での挑戦〟に、取材のオファーが殺到した。7月に入るとオランダに渡り、10歳の騸馬バンデーロとのコンビを最終決定。一旦帰国し、8月上旬にリオパラリンピック日本選手団・結団式に出席。その後、最終調整のために再度オランダ行きを決行する。

その間、田村が音頭を取る格好で、栗東トレセンの仲間たちがパラリンピック出場を祝う壮行会を開いてくれ、そのうえ渡航の費用にと集めた多額の寄付を贈ってくれた。

「思いもよらなかったことで、有り難かったです。自分らは迷惑かけるばかりで、満足にお返しする術もないのに……」

そして9月6日。ブラジル、リオデジャネイロに向けて出発する。

初めての大舞台

2016年9月14日（日本時間15日午前2時）。

ブラジル、リオデジャネイロ郊外、デオドロオリンピックパーク（オリンピック馬術センター）。

9月7日に開幕したリオデジャネイロ・パラリンピック大会8日目。パラ馬術競技は、個人規定競技（グレードⅠb）当日を迎えた。

日本選手団唯一人の馬術競技の代表として、宮路満英がバンデーロとともに、今まさに演技に入ろうとしている。その夫の姿をコマンダーとしてアリーナ脇に立ち、準備を整えて見つめる裕美子は、不思議なほどに落ち着いていた。

夫が病に倒れ、絶望に打ちひしがれた〝あの日〟から11年。今は日本から地球の裏側にまで来て、これから大舞台のパラリンピックの試合に出る、というのにだ。

「リオに着いてから日が浅くて、ワサワサしてたんです。日本から飛行機でニューヨークへ14時間ちょっとかな。そこで乗り換えてリオまで10時間くらい。それからまたバスで移動でしょう。疲れもあったし、気持ちを整理して試合に臨む、という感じやなかったんです。それに馬とのコンタクトもやってみんとわからんところもあって」

何せ苦労を重ねてヨーロッパの競技会を転戦し、パラリンピックへの出場権をつかんだのはオキーとコンビを組んでのことだった。そのオキーが２０１６年になって故障を発症し、急きょコンビを組むことになったバンデーロとでポイントを再取得したのは4月。そこから本番では5カ月ほどである。そのわずかな期間に、パラリンピックという大舞台で戦えるだけの信頼関係を、バンデーロとの間に築けたのかどうか。そのために、十分な時間を過ごせたのかどうか。不安を払拭できなかったのも無理はないだろう。

だから演技直前に裕美子が「不思議なほど落ち着いていた」のは、いろいろ思いわずらうことなく目の前の演技にだけ集中できていた、ということだったのかもしれない。開き直れていた、とでも言うべきか。満英が倒れたあの日の思いに比べたら「何ほどのものでもない」という腹の据わり方もあったのだろうが。

シドニーパラリンピック金メダリストの
ヨープ・ストッケルと(2012年11月)

パラ馬術界のレジェンド、
リー・ピアソン(英国)と

リオパラリンピック会場での練習風景。右がコーチのミランカ

一方、バンデーロに跨る当の満英本人は、少しばかり違っていたようだ。

「自分はちょっと……やないな、かなり緊張しとったかもしれません」

と言って苦笑いする。

調教助手として、シーキングザパールを筆頭に、数々の名馬とともに海外の大舞台も経験していながら、さすがに自分自身が馬の背で、手綱を取っての勝負となると、勝手が違っていたようだ。裕美子が口にしたバンデーロとの信頼関係ということについても、騎乗する当事者として、やはり不安があったことも確かだったろう。

その不安はストレートに結果に出た。

得点率58・966％。個人戦の結果は11人中11位。最下位だった。

「何が何だかわからんうちに終わってしもた感じで……。馬に乗せてもらってただけ、言うんかな。よう覚えてないんですよ。もうちょっとできたはずやのにと思って、ホンマに情けなかったです。今考えてみると、あの馬を御せるだけの技術も、精神的な強さも、当時の僕にはなかったんやないかと思います」

しかし、それとはまた別の、不思議な感覚に包まれたことも口にする。

「会場のアリーナを出ると、観客席のお客さんがいっぱい拍手してくれはって。それがもうホンマに嬉しいてね。成績のことを忘れて、つい手を振ってしまいました」

パラ馬術の競技会では、馬が驚くことを避けるため、競技を終え、馬場を出てグルームが馬の手綱を取るまで、基本的には拍手は禁じられている。しかしこの時は、少し早い段階で拍手が沸いた。それに向かって、大きく手を振って応えたのだった。まるでウイニングランをするかのように。

裕美子が補足する。

「パラリンピックの競技場では、特に馬術の場合は、ホンマは両方の手の平を回すみたいにして振って、それを拍手替わりにせんとアカンのです。でも演技が終わった選手が馬場から引き上げる時は、お客さんも気持ちが入りやすいんでしょうね。拍手してもらって、この人、それに応えはったんです。最下位やいうのに」

大舞台で満英が見せた、相変らずの大らかで、微笑ましいエピソードである。ただし、本人の表情そのものは、いつになく硬かったのだけれど。

蘇った記憶

とはいえ初めて出場したリオパラリンピックの結果そのものは、得点率、順位ともに到底、満足できるものではなかった。

「今になって思うのは、やっぱりバンデーロとのコンタクトが普段からスムーズに取れてなかったんやないか、ということです。コンビを組んでから、日が浅かったことが影響したんかな。それに競技中の自分もまだまだ未熟で、あの馬の能力を引き出す技量が、いろんな面で足りんかった。改めてそう思いますね」

裕美子も、

「何しろ精神的にも肉体的にも疲労がたまっていたし、選手村では見るものも経験することも初めてのことばっかりで、競技に集中し切れてなかったですよね。二人揃って気持ちが浮ついてたんやないかな」

何もかも初体験。やはり平常心ではなかったのだろう。一方で、二人にとってはいい思い出であり、有意義であったことも確かだった。

「選手村ではいろんな障がいを抱えたアスリートたちの姿を間近で見られて、新鮮な驚きがあったり、障がい者に接する際の気付きも得られました。試合会場ではパラ馬術の、世界トップクラスの選手たちの演技を直接見ることができたし、同じ競技に関わる者として私らの顔も覚えてもらえて、たくさんの友達もできました。本当に得難い体験やったと思います」

ただ帰国後、はたしてそれで満足していいのだろうか、という思いが日増しに大きくなっていった。

そしてもう一度、リオに向かうまでの、自分たちの一年の歩みを振り返ってみた。すると納得できる部分よりも、そうでないことの方が格段に多いことに気付かされる。満足してる場合じゃない……と。

「リオパラリンピックに出場できたのは、いろんな面でやっぱり運が良かったんやと思うんです。自分たちでつかんだんだ、という思いもあるにはありますけど、やっぱりちょっと違うんやないか、と思うところもあって」

当時はアジア圏の他の国に、出場枠を争う強力な選手が少なかった。また、ポイントを取る際に、ヨーロッパで最初に出会った馬（オキー）にも恵まれた。そういった側面があったことは確かだった。

満英はというと、

「楽しかったんですよ。パラリンピックに出られたこともやけど、それまでの生活自体もそうやし、ヨーロッパで競技に参加してる日々にも充実感がありましたし」

そのうえでリオではかつての記憶が鮮やかに蘇った。

「お客さんの拍手や歓声を聞いてると幸せな気分になりました。それで思い出したんです、シーキングザパールとアメリカに行った時のこと。スタンドから大歓声を受けるのは、やっぱり気持ちのいいものなんやなあって、実感として改めてわかったんですよね。わかったと思ったら、これ、やっぱり続けたいな、と」

実生活に戻れば満英は右半身の麻痺に、発語不全も残り、障害者手帳の等級で言えば1級の障害を抱える。服を着替えるにも、ペットボトルのキャップを外すにも、とにかくちょっとしたことでサポートが必要になる。それならば、ハードなリハビリを続けるつもりで、より本格的に競技の世界に身を置くのも悪くない……いや、最善なのではないか、と考えるようになった。

話し合ったわけではない。二人の将来について、二人がごく自然に導き出した答えだった。

パラアスリートの宿命

しかしながら、改めて「本格的に競技の世界に身を置く」と言っても、それほど簡単な話ではない。

まず当初から課題であった活動資金、費用面。

リオ大会の前年暮れの２０１５年12月。視覚障害を持ちながら馬術競技に取り組んでいる知人から、クラウドサービスを提供するＩＴ企業『セールスフォース・ドットコム』（現セールスフォース・ジャパン）を紹介してもらった。もともとアスリート支援に積極的な企業ではあったが、専属契約を結んでサポートを受けられるようになったことは有り難かった。間違いなく競技生活を続ける追い風になった。

とはいえ、いつ満英の体調が急変するかはわからない。つまり将来の不安が解消したわけではないから、リオ大会以降も国内の遠征はキャンピングカーでの生活を続けた。加えて第二の拠点であるオランダへの渡航も増えることになるのだから、その経費の捻出にも頭を悩まされる。楽になりようがなかった。

それを踏まえたうえで、さらに大きな課題となるのが競技者としての年齢的なことだ。根本的な問題として、年齢を重ねることによる体力の衰えとも向き合わなくてはならないのだ。


高齢の馬術選手と言えば、馬場馬術の法華津寛《ほけつひろし》選手が名高い。北京、ロンドンオリンピックと連続出場を果たし、2012年のロンドン大会が71歳での出場。これが現在でも続く日本人選手の、オリンピック競技全体を通しての出場最高齢記録だ。また、女性ではオリンピックに3回出場した馬場馬術の井上喜久子選手がいる。彼女が1988年のソウルオリンピックに出場した時の年齢が63歳。こちらも女性としてのオリンピック出場最高齢記録である。オリンピック全体を通した男女の最高齢出場記録が、ともに馬場馬術の選手であることは、「人と馬が一体」の馬術競技の特質を象徴していて興味深い。そう考えれば、確かに競技生活を続ける際に、馬術は年齢がハードルになる可能性は、他の競技よりは低いのかもしれない。

しかし、満英はリオ大会出場時が満58歳。東京大会に出場が叶えば62歳ということになる(1年開催が延期されたため実際は満63歳で出場)。2016年の時点ですら、日本のパラ馬場馬術選手としてはパラリンピック出場最高齢記録だった。健常者である法華津、井上両選手との単純な比較はできないが、いくら競技を継続するのに「年齢によるハードルは低い」とは言っても、満英は右半身麻痺と、高次脳機能障害を抱えた身。世界を股にかけた競技生活が、60

歳を超えた肉体にどんな影響を及ぼすかはわからない。さらに、そのための健康管理と維持、そして不測の事態が生じた時の対処法などを含めて、あらゆることがまったくの未知数である。希望と不安の感情が交錯して当然なのだ。

ただし、活動資金と身体の問題。この二つとどう向き合うかについては、満英に限らず、ほとんどのパラアスリートが抱える最大の課題と言っていい。

企業や団体からさまざまな支援を受けると言っても、パラスポーツの認知度、理解度は健常者のスポーツの比ではない。したがって、サポートを願い出ても快い返事をもらえるケースは少ない（ほとんどない）し、たとえ契約を結べたとしても、いくつかのスポンサーがつくなどして潤沢な支援を受けられるようなアスリートは、ごく一部に過ぎないのが実情だ。

また、身体の面に関しても、パラアスリート特有の問題がつきまとう。

一般のアスリートは毎日のトレーニングとともに、当然のこととして体調を維持するためのケアやチェックが欠かせない。それがパラアスリートの場合は、障がいの程度にもよるが、安定した健康状態を常に保てるかどうかがわからないため、朝起きて、夜寝るまでの間、ずっと自分の体調の変化に留意し続ける必要がある。〝身体〟に関して、気を張った状態で毎日を送りつつ、そのうえで競技生活を続けなくてはならないのだ。

いくつか例を挙げると、２０１４年1月のこと。三が日を大阪の実家で過ごして、滋賀に戻る途中、急な腹痛に見舞われた。その後に大量に下血。「すぐ病院に行こう」、「いや自宅に一度戻ってシャワーを使ってから」などと問答をしている最中にも出血は止まらず、結局、帰宅後に救急車を呼んで病院に運ばれることになった。大腸憩室《けいしつ》炎による出血だった。大量に出血しているのだから、もっと早く激痛を感じて良さそうなものだが、「右半身が麻痺しているせいで痛みを感じにくい」のだった。

また、東京パラリンピック直前の2021年には、左の脇腹に帯状疱疹の症状が出た。この時もあまり痛みは伴わなかった。発症した箇所が、本人が視認しやすい左脇腹だったおかげで早めに気が付き、大事にはいたらずに済んだが、もし数日でも気付くのが遅れていたら、パラリンピック出場にどう影響したか……。

このように、本人の気持ちであるとか、感じ方は別にして、病気はいつの間にか忍び寄ってくる。まさに「油断も隙もない」のだ。その姿を見守る周囲の心配というのは計り知れないものがある。

障がい者となった夫として、またパラアスリートとしての満英の、それこそすべてをサポートする裕美子は、そうした苦労の連続とシビアな現実に、常に直面してきた。

「私らの場合は子供がいなかったので、動きが取りやすかったのはあります。病気になってからも私がしっかり関わっていられましたから。でも、お互いの親が高齢になってきたのもあって、本当にもうダメだ、と思ったことは何度もありました。それでも何とかやってこれたのは、周囲の皆さんの理解があればこそやったと思います。それはもう本当に、感謝しかありません」

〝もうダメだ〟と思ったことがある、と言う。その時に、また別の、違った選択肢をイメージしたりはしなかったのだろうか。

夫が病に倒れ、介護が必要な身体になる。そうしたケースで妻が取る行動パターン、選択肢は様々だろう。裕美子が取ったパターンもあれば、まったく違うパターン……他者の助けを借りる、あるいは委ねる、といったような選択肢もなくはない。

「ああ、はい、それは皆さんそれぞれに、いろんな事情があると思いますので……。私の場合はとにかくなんも考えんと、ここで終わってたまるか、みたいな思いだけでした。倒れた直後はゆっくり考える余裕もなかったし、状況を受け入れるとか大袈裟なことではなく、ごく当たり前な感じで行動してきましたから……」

迷い、逡巡、躊躇といった、ほんの瞬間的な思考や感覚ですら、裕美子の意識下に入り込む隙はなかった。そして「ごく当たり前に」障がい者となった夫と歩むことになった。それらを踏まえたうえでの、〝障がい者の生き様〟に関する思い。自分たちの置かれた境遇について、静かに語る時の裕美子の表情はいつも穏やかなものだ。

他方、パラアスリートの宿命を〝希望〟の方に絞って、状況を前向きに捉えるとすれば、パラリンピック出場が日々の生活に与えた影響は小さくはなかった。劇的とまでは言わないまでも、やはり様々なところで大きな変化があった。

まず、滋賀県の「しがスポーツ大使」を三日月大造知事より委嘱されて就任（競馬界では満英の後の２０２０年に、武豊騎手も「しがスポーツ大使」に就任している）。そして馬関係だけではなく、小学校や中学校など、教育機関からも講演会に呼ばれるようになったし、テレビ、ラジオ等の取材、出演依頼も増えた。その際の対応のためにパワーポイントの講習を受けて、それまでになかった多くの出会いとともに、思いもよらなかった学びもあった。そうして様々な分野での見識も広がった。明らかに、競技生活を続行することについての不安よりも、楽しさや期待の方が膨らんでいくように感じられた。

当然のことながら、それは競技生活を続けるうえでの原動力になっていくのだった。

若きライバルたちの出現

リオパラリンピックの翌年。２０１７年は日本パラ馬術界にとって、大きな節目の年になった。従来からあった『全国障がい者馬術大会（第25回）』と共催する形で、『第１回全日本パラ馬術大会』がスタートしたのだ。それまでのリハビリ、セラピー等に重点を置いていた日本の〝障がい者乗馬〟とは一線を画した、〝競技志向の強い障がい者向けの大会〟が新たに設けられたことになる。

この動きは当然、東京２０２０オリンピック・パラリンピック大会を睨んだ強化策のひとつと捉えることができた。満英は言うまでもなく、東京大会を目指す他の選手たち、関係者にしてみても、大きなモチベーションになったことは間違いない。

その頃、あるテレビ番組の取材を受けた満英も、東京大会出場へ向けての意欲、抱負について質問され、明確に「パラリンピック連続出場を狙う」という趣旨の意思表示をした。その時に、マイクを向けられた裕美子が興味深いコメントをしている。

「もちろん、東京パラリンピック大会には出たいです。でも、もし出られなかった時は、その次の世界選手権を目指すだけです。私らとしてはパラリンピックがすべてやなくて、世界中のホースマンが集まる舞台に立って、触れ合いたい、認められたい、というんですか。そっちの思いの方が強いんです」

リオパラリンピックを目指して海外に出て試合をした。その際にヨーロッパと日本とを何度も往復することで新しく芽生えた、馬文化と、それを支える世界のホースマンたちへの畏敬の念。その意志表示でもあった。東京大会後の世界選手権は２０２２年。その時に満英が何歳になっているかは、あまり気にしていなかったのだ。

ところが、そのインタビュー直後の２０１８年。東京パラリンピック前の世界選手権、アメリカ・トライオン大会の出場を逃してしまう。

東京２０２０オリンピック・パラリンピックの開催決定後、『第１回全日本パラ馬術大会』

の開催などに端を発した日本パラ馬術界の地殻変動は、パラ馬術の競技者の意識を大きく変えることになった。競技会そのものの認知度が高まり、パラリンピック東京大会への出場意欲を見せる選手が、格段に増えたのだ。ところが国内に基準ポイントを取得できる大会はないため、満英と同じように積極的に海外を転戦する選手たちが現れ始める。

元ＪＲＡ騎手であり、２０１６年の第24回全国障がい者馬術大会に初出場で優勝した高嶋活士《たかしまかつじ》もその一人だ。２０１３年２月。東京競馬での障害レース中に落馬。脳挫傷、頭部外傷、右鎖骨骨折の重傷で、長期療養を強いられながらも復帰を目指していたが、騎手への再起は叶わずに引退。第24回全国障がい者馬術大会の優勝は、パラ馬術競技へ転身してすぐの快挙。当時23歳。日本パラ馬術界にとっては、まさに〝新星〟と呼べる選手の誕生だった。その後も稲葉将《いなばしょう》、吉越奏詞《よしごえそうし》といったさらに若い20代前半のライダーたちが続いて、代表争いは激しさを増すことになる。

そんな中で、マイペースの調整を続けた満英だったが、17年5〜7月のヨーロッパ遠征中に臨んだドイツ・ユーバーヘルン大会と、18年4月のベルギー・ワレヘム、5月オランダ・ローセンダールでの大会でも、もうひとつポイントを伸ばせず、最終的に代表選考から漏れてしまったのだ。しかし、選考結果が出る前に、裕美子がテレビ番組のインタビューで答えた通り、気持ちの切り替えは早かった。

冷静に振り返ってみて、世界選手権に出場するため必要なポイントを獲得しなくてはならなかったドイツ、ベルギー、オランダ大会の日程は17年5月〜18年5月。満英のリオパラリンピック前後からの蓄積疲労が、一度に噴き出た時期とちょうど重なっていた。また、リオパラリンピック後もバンデーロとのコンタクトがうまく取れないままだったところに、裕美子の父が２０１８年2月に亡くなり、その対応にも忙殺された。これらの様々な要因が重なったことによって、思うように力を出し切れなかったことははっきりしていた。それが切り替えの早さにつながった。

「結局、目の前の課題をひとつひとつクリアするだけですから。今回は仕方がない、もう一度トレーニング方法を見直して、改めて東京を目指そうと思いました」

と口を揃える。

手始めに体幹を鍛えるトレーニングを取り入れた。満英にとって最大の課題は右半身の麻痺からくるバランスの悪さで、この弱点を克服する狙いがあった。麻痺の影響で腹筋が弱いせいだが、そのため重心も取りにくく、姿勢が斜め後方に倒れがちになる。また、馬上での身体の上下動を制御するため、呼吸法も一から見直すことにした。

そして、そのためのトレーニング施設選びは、リハビリ施設を決めた時と同様、積極的に見て回って決めた。この時も所構わずで、山梨の大木のもとでのトレーニングの空き時間を利用して、東京は大手町のビルの地下にあるスポーツジムに通い、トレーナーの個人指導を受けた。

こうした自身のステップアップのために費やす時間を厭わない、一途な姿勢というものは、やはり競技の種目を超えて、優れたアスリートに共通する必要不可欠な〝素養〟のひとつと言えるのだろう。

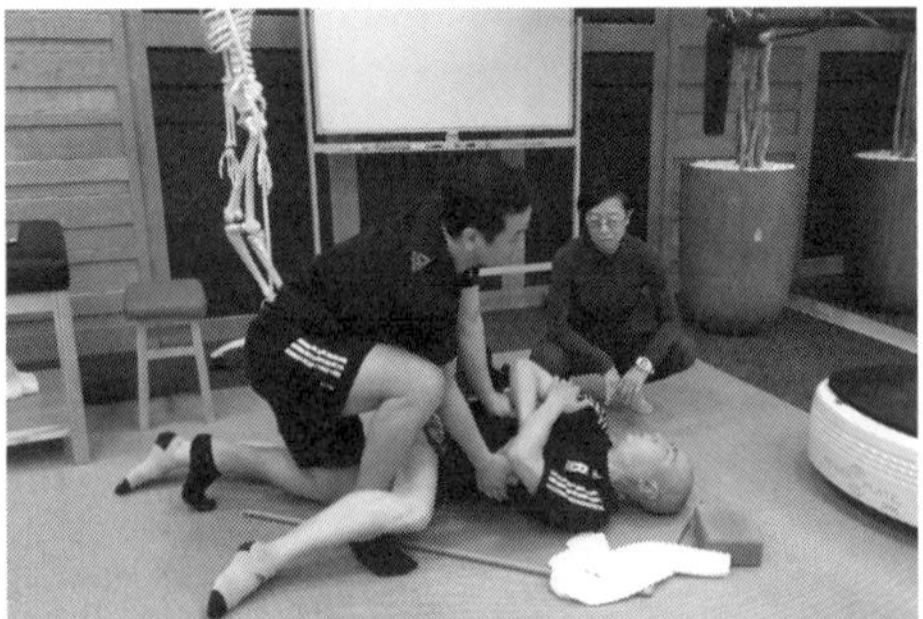

東京・大手町のスポーツジムでトレーナーの個人指導を受ける

第6章

東京2020パラリンピック

日々のケアの重要性

2019年。いよいよ東京オリンピック・パラリンピックへの代表選考レースがスタートする。ところが、前年の世界選手権で選考漏れした現実を受けて、気持ちを切り替えて仕切り直した矢先の3月に、満英は激しい頭痛に襲われる。

定期的な健診はしていたものの、最初に発病してから14年目。緊張が走って、急いで担当の松村医師の再検査を受診する。診断結果によっては、すべての計画が白紙になってしまうところだったが、結果は異常なし。

MRI画像を指差しながら、

「舌のもつれは少しありますが、意識はしっかりしているし、手足の動きにも異常はありません。脳の画像も、むしろ同年代の健常者よりもきれいなくらいです。私の脳よりもきれいなんと違いますか。いつもながら宮路さんには驚かされてばっかりですよ」

との診断だった。

結局のところ、頭痛の原因は不明なまま。様々な原因を二人で考えてみて、トライオンの世界選手権出場を逃して以降、新たに取り入れたトレーニングで、それまで使っていなかった筋肉を刺激した影響ではないか、とプラスに捉えた。しかし、そうはいっても出場を目指した世界大会の落選を受けて、再スタートした結果である。メニューの消化に気持ちが入り過ぎて、若干、身体に負担をかけることになったのかもしれなかった。

それも含めて、脳卒中の後遺症による障がいを抱えた61歳である現実を、常に意識しなくてはならないと、強く感じさせられた一件でもあった。

毎日のルーティンとなっている朝のストレッチ、マッサージ、ウォーキングは怠ることなく続けていたが、馬に乗ってのトレーニングはもちろんのこと、新たに取り入れた体幹トレーニングや呼吸法についても、オーバーワークにならないように留意してはきた。それこそ日々の微妙な体調の変化にも、すぐに察知できるように注意を払ってきた。今後も、その意識は徹底させるつもりでいる。それでもなお――と思ったのだった。

そのあたりを踏まえたうえで、発病から13年が過ぎ、14年目に入っても、「身体に異常がない」とわかると、より積極的になるのが二人の特性だった。噂であれ何であれ、「あれが良かった」といった、ちょっとした〝いい〟情報を耳にすると、例によって場所はどこであれ、とりあえず行ってみて、実際に体験してみて確かめてみる。毎日のトレーニング――ここでいうのはリハビリに主目的を置いたものだが――に採用するかどうかはそれからだったが、とにかく〝二人で一緒にいろんなところに出かける〟という行動パターンは変わらなかった。身体が不自由になってしまった満英にとっては、いい気晴らしではないが、それがひとつの、そして大きな楽しみでもあったに違いない。いずれにしても、気持ちが前を向いてきたことは確かだった。

秋になると、本格的なパラリンピックイヤーを迎える前に、ということで、故郷である鹿児島に帰る機会も設けた。親戚、旧友らと久しぶりに再会して、しばしの休息を取ったこともいいリフレッシュになったのだろう。体力面でも気力面でも充実してきた。年が明ければ東京オリンピック・パラリンピックが待っている。居ても立ってもいられず、12月に入るとオランダに飛び、年明けからの選考レースに備えた。

取り戻した自信

『東京2020オリンピック・パラリンピック大会』は、のちにあらゆる面で異例の大会となるわけだが、2019年の秋の時点では、まだその兆候は見られなかった。ただ、それとは関係なく、日本のパラ馬術界にとっては別の意味で異例のシーズンとなった。

JRAからの強力なバックアップで、強化指定選手制度の導入や、競技用のリース馬の提供を受けることになったのだ。オリンピック・パラリンピックという、言ってみれば〝国の威信〟をかけた国際的なビッグイベントだからこそ、という側面もあったのだろうか。いや、事情はともかくとして、要は多額の助成金が支給された。それまでにない追い風（それも強風の）が吹いたと言っていい。

日本の馬術界のこうした流れを、オランダの師匠であるミランカは知る由もなかったが、満英が2018年の世界選手権出場を逃したのを機に、バンデーロに替わる騎乗馬として新たにザンダボーイ号を用意する。バンデーロより2歳年上のザンダボーイは穏やかな気性の持ち主で、ファーストコンタクトから満英との相性は悪くなかった。そして再上昇が始まる。

2019年4月。コンビを組んでの緒戦となったベルギー・ワレヘムの大会では、チームテスト60・121％（14位）、個人戦57・706％（14位）にとどまったが、6月のオランダ・クローネンベルグ大会ではチームテスト60・404％（5位）、個人戦66・127％（4位）、フリー65・045％（5位）と、久しぶりに得点率65％台の突破に成功した。

少しずつ自信を取り戻した満英、10月の御殿場で行われた国内唯一のオリンピック・パラリンピックのクオリファイ大会（選考基準ポイント獲得が認定される）に臨む。調教助手時代の仲間である赤祖父《あかそふ》清克《きよかつ》がグルームとして助っ人に来てくれたこの大会では、大木の牧場のオロバスに騎乗してチームテスト64・646％（1位）、個人戦61・177％（2位）。フリーこそ47・889％（2位）に終わったが、復活へ向けた手応えは十分に感じられた。

そしてオリンピック・パラリンピックイヤーの2020年1月。フランスのマコン大会にザンダボーイと臨んでチームテスト64・030％（4位）、個人戦64・470％（4位）、フリー63・167％（5位）。ここで選考基準ポイントの条件となる「2大会以上」をクリアし、パラリンピック出場に一歩近づいた。

その2週間後、ＪＲＡから貸与された馬とのマッチングを目的とした、オランダのゲーネンマイデン大会に出場。満英が騎乗したのは13歳の騸馬チャーマンダー号だった。バランスが取れていて、程よい馬格（大きさ、姿形）をしており、気性も穏やかで素直。「いっぺんで気に入りました」という好印象が馬にもそのまま伝わったのだろう。いきなりチームテスト67・929％（6位）、個人戦68・627％（5位）、フリー67・167％（6位）と、高いレベルの得点率を叩き出す。

東京パラリンピック大会は、開催国として団体戦の出場枠が認められており、4人まで出場が可能だった。代表に選考されるには、2019年3月15日以降の、FEI（国際馬術連盟）が定める競技会に出場し、改めて選考基準ポイントを取得する必要があったわけだが、満英は前年の御殿場大会でのオロバスとのコンビで選考基準ポイントをクリアし、1月のマコン大会ではザンダボーイでポイント取得の「2大会以上」の条件もクリア。そして続くゲーネンマイデン大会では3頭目の馬チャーマンダーで、これまでの最高得点率をマークして選考基準ポイントを突破。2大会連続出場をほぼ掌中に収めたかに思えたのだが……。

コロナ禍の戦い

2020年2月。新型コロナウイルスが、ついにオリンピック・パラリンピック開催国の日本に上陸する。すでに世界中に広がりつつあった空前のパンデミックだった。このことを受けて3月24日、東京オリンピック・パラリンピック大会組織委員会とＩＯＣ（国際オリンピック委員会）が「1年程度」の延期で合意。同30日に「1年後の夏に」と正式発表する。これはオリンピック・パラリンピック大会史上初めてのことであり、近代オリンピック32回目となる東京大会は、正真正銘の〝異例の大会〟となった。

満英と裕美子はというと、3月5日に大会ユニフォームの採寸を済ませ、7日には4月からのオランダ合宿と現地での試合に向けて機上の人になっていた。ところが、オランダ国内におけるコロナ禍の情勢が悪くなる一方で、スケジュールが見直されることになり、17日に急きょ帰国。大会の延期が正式発表されると、いよいよパラ馬術競技の代表選考争いも、一旦白紙に戻されることになってしまった。「さあこれからいよいよ本番」と思った矢先に、想定外の事態で水を差される格好になったわけだ。

代表選考レースを仕切り直すこと自体には動じなかった。ただ活動拠点がオランダにもあるだけに、ウイルス感染拡大防止のための海外渡航制限には頭を抱えることになった。それどころか、国内であっても「県外への不要不急の外出は避けて」などと言われては、滋賀から山梨に移動してのトレーニングもおぼつかなくなる。二人にとっては、どういった方法で体調を管理、維持していくのかが喫緊の課題となった。

まず、ルーティンワークである早朝のストレッチに、通常よりも長い時間をかける。午前のウォーキングをこなしつつ、午後にもウォーキングの時間を作る。そして5月からは定期的に通っていたスポーツジムのオンライントレーニングを導入し、午前中にストレッチとウォーキング、午後にオンライントレーニングをして、クールダウンとしてのウォーキングを夕方に、というリズムを習慣づけた。

「オンラインでのトレーニングは時間が決まってたんで、全体のメニューも規則正しくやれました。私もオンラインのトレーニングに参加して、一緒になってメニューに付き合ったりしてね。移動が制限されていたので馬には乗れませんでしたけど、これぱっかりは仕方がないですから諦めていました。でも、体調はうまく調整できてたんやないかと思います」

いつもながらの周到さだが、〝一緒になってメニューに付き合う〟ということについては、笑いながら補足する。

「このトレーニングはこの人のためだけやのうて、自分の健康のためもあります。この機会にちょっと鍛えようと思って。いや、他のトレーニングかてそうかなあ。ただボーッと見てるだけやのうて、一緒になってやってみる方が楽しいやないですか。何でも一緒にやってたおかげで……私ももういいトシになってますけど、めちゃめちゃ元気で力が湧いてるというか、自分の中じゃ40歳くらいやわ、みたいな感覚ですよ。笑われますけど」

周到さ、というのではなかった。あらゆることをプラスに替えてしまえるのだった。様々な苦境に立たされた時に、その都度、この明るい前向きさが満英を力づけ、大きな支えとなってきたのだろう。

そうしたコロナ禍での生活を続ける中で、いよいよ山梨で馬に乗ってのトレーニングを本格的に再開し始めた8月。落馬して、今度は腰椎横突起《ようついおうとっき》を4本骨折するという大怪我を負う。またしてものアクシデントだった。コルセットを装着して治療に専念するが、年齢的なこともあって、痛みが取れるまでには数週間を要した。床に座って食事が取れないなど、日常生活にも影響が出た。もし当初のスケジュール通りに東京大会が開催されていたらどうなっていたか……なんて妄想を巡らせる余裕もないほど深刻な事態に思えた。

しかし〝災い転じて福〟さながら、例によって二人はプラス思考で前を向く。若草診療所に経過を診てもらおうと、恐る恐る顔を出した時のこと。院長の宮原健一郎医師から、「なにを大袈裟に車いすなんかに乗ってはるの」とジョーク混じりに笑顔でからかわれて、逆にホッとした。いつからトレーニングを再開していいものかを訊ねようと思っていて、ストップがかかるかと思っていたからだ。和やかに話をしたことで、改めてやる気が出た。

トレーニング再開に際しては、患部を保護するためにコルセットを着用したまま取り組むことになるのだが、ジムを使ったトレーニングや歩行トレーニングを、ほとんど骨折する前と同じセットで消化した。もちろん、決して無理のないように。そして、その後に再開した乗馬でのトレーニングでは、馬上の姿勢が良くなったように感じられた。

「これ、試合の時に使ってみようかな」

くらいの笑い話に替えて、深刻には考えないようにした。まさに「転んでもただでは起きない」のだった。そして終始、闘争心を失うことなくコロナ禍を過ごしていく。

9月に入ってからは、オロバスとのトレーニングにも熱が入っていく。痛みが取れるにしたがって、徐々に全体の動きも楽になってくる。そして2020年11月。第4回全日本パラ馬術大会にオロバスと出場。会場は東京オリンピック・パラリンピックの馬術競技会場となる東京、世田谷の馬事公苑である。その本番と同じ舞台でチームテスト64・242%（1位）、個人64・706%（1位）の得点率をマークして、それぞれ優勝。ザンダボーイ、チャーマンダーを含む3頭の馬で、改めて選考基準ポイントをクリアするに至り、2021年の強化指定選手の認定を受けるとともに、国内の選考ポイントランキングのトップに立つ。

新型コロナウイルスの感染拡大で移動制限が厳しくなる中、混乱を極めた代表選考レースだったが、ここで満英は大きくリードしたのだった。

選手村での思い

2021年。1年延期された東京オリンピック・パラリンピックの開催年が幕を開けても、新型コロナウイルスの世界的なパンデミックは収まることはなかった。3月の御殿場での強化合宿は予定通りに行われたが、4月にベルギーで予定されていた合宿は、EU間の移動が厳しくなったためにキャンセルに。さらに5月上旬に予定していたオランダとドイツでの遠征試合も中止になった。結局、代表決定は最終戦にもつれ込み、東京パラリンピックのパラ馬術競技の代表選手は、２０２１年６月、オランダ・クローネンベルグ大会で決定した。ここでも満英はチームテスト63・８８９％、個人64・７５５％でまとめて国内ランキングトップを堅持。大会そのものが１年延期されたこともあって、混乱というより、〝混迷〟そのものの選考争いに終止符が打たれた。

７月に行われた代表決定の記者会見席上で、代表チームの三木監督は言った。

「ＪＲＡからの補助金のおかげで、かつてないレベルの馬が揃いました。シドニー大会に参加した頃と比べると、隔世の感があります。選手たちへの強化費用も用意できて、若い選手も増えましたし、大いに期待できると思っています」

選手個々への記者からの「代表を目指すうえで一番つらかったことは」の質問に、元ＪＲＡ騎手の高嶋活士は「プレッシャーがあった」といった旨のコメントをした。ＪＲＡの支援があり、大会会場が関連施設である馬事公苑。そのうえ大会の飲料サーブを担当する会社からのサポートを受けていた。その自分が３月の時点で国内ランキング５位。そのままでは代表入りを逃すところだった。６月のオランダでの代表選考最終戦で、まさにラストチャンスを生かした大逆転で代表に滑り込んだ。監督のコメント内容とは関係なく、「プレッシャーがあった」というのは素直で、正直な思いだったろう。

調教助手と騎手、という立場こそ違えど、元を辿れば同じＪＲＡの競馬関係者同士。「彼はここ何年か、ホンマに大変なプレッシャーを感じてたと思いますよ」と満英も裕美子も常々気遣ってきた。落馬による後遺症で騎手引退後、2016年に初めて出場した第24回全国障がい者馬術大会で初優勝を飾り、華々しくパラ馬術界にデビューした。ところが2018年の世界選手権に出場を果たした前後から、もうひとつ思ったようなポイントが出ない時期が続き、傍から見ていて悩んでいるように映った時期もあった。

東京大会を目指す強化選手同士で行動をともにするようになってからは、トレーニングの様子を間近で見ることができる。余計なお世話になるかと思いつつも、気がついたことがあれば、それとなくアドバイスめいたことを口にしたこともあるし、可能な限り情報も共有するようにしてきたチームメイトの一人だったのだ。会見の席での晴れやかな笑顔を見て、感慨深く思って当然だった。

しかし、いざ試合となれば話は別だ。

この時の記者会見では、前年の骨折から1年も経っていないことを心配した記者から、現在の体調について問われ、満英も「完璧とは言えないんですが」と正直に答えた。他人のことより、まずは自分のことを心配しなくてはならない。パラリンピックは通常の大会とはまったく別物なのだ。慌ただしく終わったリオ大会の轍《てつ》を踏まぬよう、自分のパフォーマンスに集中しなければならない。そう決めてもいた。

会見の後半では今大会の目標を聞かれて、裕美子は「得点率70%と入賞」と答えた後に、満英は「得点率70％と6位」とより具体的な目標を掲げ、「ひょっとして3位以内とか？」とも口にした。そのくらいの手応えがあった、ということだ。

それでも、高嶋はもちろんのこと、他の代表選手たちは何しろ若い（稲葉将26歳、吉越奏詞21歳）。世界大会の経験も浅ければ、パラリンピックは初出場。それも自国開催だけに注目度は高い。日本チームの一員として、また最年長の経験者として、若い選手たちにしてやれることはないか。あるいは、リーダー的な役割を担って、何かを残せないだろうか。それは自分たちに課せられた〝役目〟のようにも感じられた。

そうした思いが交錯する中で、開幕を5日後に控えた8月19日に選手村入り。そこに頼もしい助っ人として現れたのが、誰あろう石野賢だった。

コロナ禍での東京大会。医療スタッフのボランティアが不足する状況下とあって、石野はオリンピック・パラリンピックを通して大会に参加していた。裕美子が冗談半分で勧めたクラシファイアーの資格を、２０１２年に取得していたことがここで生きてきたのだ。

「宮路さんは言うまでもないですけど、他の選手たちについてもＪＲＡＤの方に照会してデータは見ていたんです。それでこんな大きな舞台でお手伝いすることができることになった。それまでは何の関わりもなかったパラ馬術の世界の資格ですからね。あの時にお二人に背中を押されて一歩踏み出せたことが、こうした形で生きてきたんだと思うと、こちらこそ有り難いことでしたよね」

理学療法士としての、選手に応じた入念な施術は当然として、何しろ大舞台での試合だ。満英だけでなく、若い選手たちにとっても、メンタル面でのサポートも有り難かったに違いない。自分のことをよく知ってくれている、いわば〝専属トレーナー〟が、常にチームに帯同してくれているようなものなのだから。

また、ちょうどその頃、森秀行厩舎の調教助手時代に満英が関わったレガシーワールドの訃報（8月18日没）が伝わってきた。老衰だった。

競走馬時代の晩年、スランプに陥っていた時期を満英が担当したが、

「自分は何もしてやれなかったんです」

という悔恨の念を抱き続けてきた〝旧友〟の死。すぐにレガシーワールドの生まれ故郷で、余生も過ごした北海道のへいはた牧場に供花を送った。前述の通り、へいはた牧場は宮川大助、花子の娘さゆみが乗馬の手ほどきを受けた牧場であり、その牧場主（幣旗芳典氏）とは森厩舎時代からの旧知の仲である。

パラリンピック開幕直前というタイミングで、レガシーワールドがこれまでの自分の歩みを想起させてくれることになろうとは。供花を送る際に思いを込めた。

「本当にごめんなあ、ありがとうな。どうか見守ってくれな」

襟を正し、気合を入れ直して大舞台に向かうことになったのは言うまでもない。

大木道子の指導のもと、パラリンピック出場に向けて練習を積む　© 正木徹

馬事公苑内に設けられたパラ馬術の会場　©JRAD

個人戦7位入賞

2021年8月24日。新型コロナウイルスの影響で1年延期となった東京パラリンピックが開幕する。感染拡大防止策として、基本的には史上初めてとなったオリンピック同様、無観客での開催である。

馬術競技は26日に馬事公苑でグレードⅡ、Ⅳ、Ⅴの個人戦でスタートした。

満英が日本チームの先陣を切った。選考基準ポイントを取得するにいたった3頭の中から、最終的にJRADが用意したチャーマンダーでの参戦となった。

「馬も僕も落ち着いてました。もっと緊張するかなと思ってましたけど、それほどでもなかった」

さすがに2度目とあって、リオの時とは違っていた。

一方、裕美子もリオの時とは違っていた。ただ、こちらはあまり歓迎しない心理状態だったようだ。

「凄く緊張してました。いやもう今回は2度目だし、日本での開催でしょう。JRADが用意してくれた馬にも不安はないし、自分自身も経験を積んでいて、これはもう言い訳できないな、と感じていましたから」

何しろ満英に伝える経路を間違えた。それも2カ所。どこを間違えたのか、すぐには思い出せないほどだった。やはり平常心を欠いていたのだろう。

グレードⅡの歩法は常歩（なみあし）と速歩（はやあし）の二つ。この時の個人戦の経路には25のチェック項目があり、課目は細かく指定されていて、ひとつひとつ読み上げていては追いつかない。そこで必要最小限の、わかりやすい言葉で指示を出す。「言い訳できない」というプレッシャーが焦りを呼んだのか、単純な「右」と「左」を言い間違えた。

ところが満英。何くわぬ顔で指示を無視して演技を続けた。

「すぐにわかりましたよ。あれぇ？　間違うとるやないかって。何やわからへんけど、この日の僕の方のリズムは良かったです」

その言葉通りだった。

演技の審査はアリーナに入った時点からスタートする。その冒頭からの中間常歩[*1]から尋常速歩[*2]への移行や、最初の輪乗り[*3]、常歩へ戻って右への巻乗り[*4]。その後の停止→5秒間の不動→中間常歩での発進等々、大きな減点はなく進行した。右へのレッグイールディング[*5]で若干、馬の頭が左を向いてしまったが、その後の尋常速歩への移行、左への巻乗りは無難にこなせたし、左へのレッグイールディングは実にスムーズにクリアした。

演技開始からここまでが約2分。順調に進んでいるかに見えたが、直後に異変が起きた。麻痺した右手を固定するベルトが緩み始め、その十数秒後にはマジックテープで止めてあった手

個人戦の演技に臨む満英とチャーマンダー　©JRAD

首部分が完全に外れてしまったのだ。

健常者の馬術競技と違い、パラ馬術競技では人間の動作は審査に反映されない。とはいえ制御の利かなくなった右腕の余分な動きが、左手一本の手綱捌きにどう影響するかは未知数だった。その不安は演技の最終盤で現実に出てしまう。

残された2項目。歩幅伸展[*6]への移行と収縮[*7]への移行、そして最終盤へ。尋常速歩に移行後、中央線に入って停止、不動、敬礼。これで演技終了のはずだった。ところが尋常速歩への移行で駈歩（かけあし）が出て大きく減点。しかし、即座に立て直すと、本来の課目だった速歩に戻り、中央線に入って、停止、敬礼。東京パラリンピックの緒戦が終わった。

演技を終えてチャーマンダーの首をポンポンと叩いて労《ねぎら》った後、少しおどけるように舌を出した満英だったが、その表情にはリオの時のような暗さはなかった。

「現状でやれることは、ある程度やれたんやないかな、と思いました」

ミスをうまくリカバーし、マイナスを最小限に抑えて切り抜けた。そこには「場数を踏んできたからこそ」といった自負があった。

結果は12人中7位。日本パラ馬術界として、シドニー大会の吉田福司選手（6位）以来、21年ぶり二人目の入賞者となった。得点率66・824％は「思ったよりも低かった」し、具体的な目標として掲げた6位にも惜しくも及ばなかったが、

「細かいミスもあって7位でしょう。もしかしたら、もっと上手くなれるんやないかと思え

て」

と笑う。

次はリオでは経験できなかった団体戦（チームは3人で構成）である。そして入賞者だけが進めるフリー演技にも、文字通り駒を進めることになる。まだまだやることはあった。

東京のラストスマイル

団体戦のチームは、グレードⅠ、Ⅱ、Ⅲのいずれかの選手を、最低でも一人含んだ3人で構成される。日本はグレードⅡに満英と吉越奏詞の二人がいたが、個人戦上位の満英が団体戦に出場することになった。日程は8月28日にグレードⅡ、Ⅰ、Ⅲが、29日にⅤ、Ⅳと、2日間で行われる。

個人戦に続いてトップバッターとして登場した満英。

「あの日は朝から全体に調子がおかしかったです。体調もですけど、頭の方もあきませんでした」

得点率は65・485％。個人戦の数字より悪くなってしまった。

寝不足だったり、慣れない場所での食事の食べ合わせだったり、ちょっとしたことでも微妙に体調に影響しかねないパラアスリートたち。競技云々以前に、一日一日の生活そのものが戦いの場であることを、改めて思わされる。

続いてグレードⅢに出場した稲葉将がエクスクルーシブに跨って70・118％の高得点率をマーク。緊張感から個人戦15位に終わった前日とは見違えるような、のびのびとした演技を披露した。翌29日にグレードⅣに出場した高嶋活士（ヒュゼットビーエイチ）も、得点率こそ62・775％と伸びなかったが、個人戦の時に見られた極度の緊張を感じさせず、穏やかな表情で演技を終えた。

3人馬の総ポイントは198・378。日本チームの団体戦の結果は最下位の15位に終わった。

自分の演技を終えた直後は、ふがいない気持ちでいっぱいだった満英。しかし、若い二人の溌剌《はつらつ》とした姿を見た後に、自分を取り戻して気持ちが前を向く。

「フリーは必ず笑って終わろう」

そして迎えた2021年8月30日。東京パラリンピック馬術競技の最終日。すべてのグレードで個人自由（フリー）演技種目が行われた。満英の出場するグレードⅡの競技開始は19時45分。

「最後やから、楽しんで、とにかく笑って終わろうな」

と話し合って選手村を出たが、会場へ移動するバスの車中から、そして出番が近づくにしたがって、思いもよらなかった感情が裕美子にこみ上げてきた。

「これがホンマに最後になんやろか、と思ったら、病気になってからのことが、走馬灯やないですけど次から次に思い出されて、涙が出そうになってきて。終わったら、笑うどころやないんやないかな、って……」

個人自由＝フリースタイルでは、音楽に合わせて人馬が演技する。二人は大好きなビートルズの楽曲をアレンジ、リミックスしたものを2種類用意していて、今回は「All you need is love」と「Eleanor Rigby」のバージョンを使用した。

大抵の選手はフリーの方が得点率はアップする。が、満英は逆だった。普段のトレーニングが個人戦の経路の方に重点を置いていたこともあるし、しばしば鼻歌を口ずさむなど決して音楽が嫌いなわけではないのだが、裕美子によれば「音感が悪いと言うんでしょうか。右の麻痺の影響もあるんやと思いますけど、左右のバランスが悪くて、身体の動きをリズムに合わせるのが下手」なのだった。

それでも「今日だけは」の思いでフリーに臨んだ。結果を気にせずにリラックスして、とにかく楽しもう、と……。

「途中の演技についてはあんまり覚えてないんです。最後の方はもう、馬の上でとにかく笑う笑う笑う、って念じてました」

集中力を切らすことなく演じ切って得点率は67・434％。フリーに出場した8人中8位という結果は不本意ではあった。が、大きなミスもなく、すべての競技を無事に終えられたことについては、大きな満足感があった。

アリーナを退場する際、近寄ってきた裕美子が笑っている。競技会場では見たことがない笑顔だった。自然に自分も頬が緩んだ。日本チームのみんなが手を挙げて、拍手して出迎えてくれる。「ありがとうー」と手を振って笑顔で応え、厩舎棟への通路付近に陣取った各国メディアの撮影班に向かっても笑顔で、

「ありがとうー、サンキュー」

を繰り返していた。

やり残したこと

フリースタイルは途中棄権しなかったことで、最下位に終わったものの、形のうえでは個人戦に続いての入賞を果たすことにはなった。しかし、結果は問わないと言っても、終わってみるとどこかでモヤモヤ感も残った。

「入賞おめでとう、って言われて、もちろん嬉しいんですけど、悔しい思いもあるんです。自分たちのことで言うと、個人では一番の目標にしてた70％台が出せなかったこと。それと団体戦の方で、シンガポールに負けてしまったことが……」

と裕美子。

この〝団体戦〟のことについては、次回以降に向けての課題でもあった。

選手村は競技終了後、３日以内に退村しなくてはならなかったが、馬術チームは馬の輸送が終わるまでが〝競技期間〟とされ、その間の滞在が許された。せっかくなので、無観客とはいえ大会の雰囲気を味わいたい。束の間のオフ感覚で過ごした。リオの時も選手村内は基本無料だったが、コマンダーの裕美子はサポート要員扱いだったせいか、すべて有料だった。そんなところでもリオではゆっくり雰囲気を楽しむような余裕はなかったのだろう。

東京は違った。印象的だったのは、ダイニングの食事メニューの豊富さだった。選手村では大会期間中、毎日ＰＣＲ検査が実施されていたから、選手がたくさん集まるスペースでも、その点は安心だった。食器はあくまで機能重視（？）の形状だったが、「何を食べても美味しかった」し、「国際色も豊かで、足を運ぶのが楽しみだった」という。

そして、〝リオの時にはなかった〟のに、ということではもうひとつ、今回はチームメイトがいた。９月に入って、選手村を引き上げる日が迫った夜、チームメイトたちに声をかけた。

「ウチらの部屋で打ち上げしよ。お疲れさんの会や。ちょっと飲もうよ」

海外遠征中の場合は、まったく慣れない土地の宿泊先という緊張感もあって、なかなかそういう気分にはなれない。しかし今回は自国のパラリンピック大会だ。チームとして動いたのだから、こういう機会があっていい。そう思えた。

いけるクチの高嶋、稲葉がそれに応じてやってきた。大会の印象をはじめとした選手村でのこれまでのこと、自分たちの演技のこと、外国チームの選手たちのこと……。試合が終わった安堵感と、アルコールの効能（？）もあったのか、リラックスして、いろいろな話をすることで、今までになく打ち解けた印象を持った。

そしてその時、二人に伝えた。

「今回は開催国枠で団体戦に4人で出られたけど、次は開催国枠はないし、そうかと言って個人戦で設けられているアジアの二つの枠を、単独で動いて獲りにいくのは、より厳しくなると思う。だから〝日本チーム〟として動いて、団体戦のアジア枠を獲りにいく方が賢明やと思うよ」

このことは、〝次〟すなわち、パリパラリンピック大会を見据えた次代を担う若い選手に向けてのアドバイスのつもりだった。

でも、では自分たちの〝次〟はどうするのか？

東京パラリンピック閉幕後、各所でさまざまな表彰を受けることになった。出身地である鹿児島県出水市から特別功労の感謝状と記念品、年末にはスポーツ庁からの感謝状。それに密着取材を受けたテレビ局からの記念の贈答品等々……。

お世話になった人たちには、できる限り報告して回った。栗東トレセンの厩舎ＯＢで組織される「駿友会」をはじめ、若草診療所、水口乗馬クラブ、そして三重でのリハビリ仲間……。

そうした忙しい日々にも、たくさんのメディアの取材を受けた。その中で「次の目標は？」

と問われ、「2022年のデンマークの世界選手権」と即答した満英。もちろん、その先には2024年のパリパラリンピック大会が待っている。出場が叶えば3大会連続となるわけだが、そこには例によって多くの問題が横たわっていた。

まず、セールスフォース・ジャパンとの契約が切れるのが2022年の10月。世界選手権が開催される8月まではいいが、その後がどうなるのか。そうした資金面のことと、時が経つにつれて、ますます大きくなっていく体力面の衰え。何よりも「ここ数年、多くの人にお世話になりっぱなしでやってきましたから……」といった周囲への気遣い。

それまでは他人事のように感じられて、あまり考えたことがなかった〝競技者の引き際〟という避けては通れない問題に直面したのだった。そのタイミングとして「東京パラリンピック大会で入賞した今」が、はたして理想的なのかどうか、という問いである。

そもそも「東京大会全般を振り返っての印象」について、終わった直後の二人の感じ方は、ちょっぴりニュアンスが違っていた。

まず裕美子。

「選手村ではそんなことはないですが、馬事公苑では日本選手団のジャケットを着てるのが私らだけでしょう。どこにおっても〝頑張ってください〟って、ボランティアの人たちが声をかけてくれるんです。外国の有名選手やなくて、私らにですよ。ホンマに温かくて嬉しくて、どんだけ元気をもらったか。こんなことは二度とない！　って感じ。とにかく楽しかったんです」

満英の方はというと、

「いやぁ、自分はまだまだこんなもんやないでえ、もっともっと楽しいことがある、って思ってます」

と言って、いつものように悪戯《いたずら》っぽく笑うのだ。

これを聞きながら一緒に笑う裕美子も、「まだまだこんなもんやない」という思いがないわけではない。馬術の奥深さがようやく理解できてきたところでもあり、競技を続けていけば、「もっといい演技ができるようになるかも」というのは裕美子も感じていたからだ。

そして、この時点の結論として、二人は声を揃えるのだった。

「ひとまず２０２２年のデンマークでの世界選手権を目指します」

＊1　中間常歩（ちゅうかんなみあし）　四拍子の歩法である常歩で適度な歩幅を保ち、のびのびとした一定のリズムを刻む歩法。

＊2　尋常速歩（じんじょうはやあし）　二拍子の歩法である速歩で規則正しいリズムを保ち、バランス良く走行する歩法。対角線上の二肢が同時に動く。

＊3　輪乗り（わのり）　直径10メートルおよび20メートルの輪を描く円運動。

＊4　巻乗り（まきのり）　直径6、8、10メートル以下の半円を描く運動。

＊5　レッグイールディング　馬の顔は正面を向き、馬体の平行を保ちながら斜めにフェンスに向かって進む難易度の高い技。

＊6　伸展（しんてん）　馬の頭と首を前方に伸ばすこと。リラックスした状態を促す。

＊7　収縮（しゅうしゅく）　歩法の通常の歩幅を狭めること。後躯に力がかかることで、動きに軽快さや躍動感が生まれる。

第7章

ヘアニングの涙

世界馬術選手権

デンマーク・ヘアニングでの世界馬術選手権出場を目指したのには、いくつかの理由があった。競技者としてやれるところまでやってみたい、という思いはもちろんだったし、次のパリパラリンピックへの足掛かり的な大会、として意識する部分も当然あった。しかし、最も大きかったのは、〝馬術の世界大会〟そのものへの憧れだった。

一般の、第三者的な感覚としては、アスリートにとっての最高の晴れ舞台は、オリンピック・パラリンピック大会であるに違いない、という印象がある。しかし、競技者自身は必ずしもそうではない場合もある。オリンピックに採用されている競技に限定しても、わかりやすく例えるなら、サッカー選手は違う答えになるだろうし、ラグビーやテニス選手などもそうかもしれない。

宮路夫妻はリオ、東京と2大会連続してパラリンピックに出場している。にもかかわらず、世界選手権出場への憧れを口にし続けたのは、どういう思いからだったのか。

これについては、2018年にアメリカ・トライオンで行われた選手権大会前に、テレビ取材に応じた裕美子のコメントがすべての答えだ、と言える。

「私らとしては、パラリンピック出場がすべてやなくて、世界中のホースマンが集まる舞台に立って、触れ合いたい、認められたい。そっちの思いの方が強いんです」

では、なぜ、世界馬術選手権がそこまで競技者の心を惹きつけるのか。

世界馬術選手権とは４年に１度開催される馬術の総合競技大会を指す。主催するのはスイスに本部を置き、世界的な馬術大会、ルール等を統括する国際馬術連盟ことＦＥＩ。選手権大会の意味が、〝馬術だけの総合大会〟であることがポイントだ。

オリンピック種目として行われる馬術競技は、障害、馬場、総合の３種類で、パラリンピックではその中の馬場馬術のみ行われる。しかしＦＥＩは馬術競技として他に馬車、軽乗（複数の馬を操っての曲乗りも含まれる）、エンデュランス（１００マイルの耐久レース）、レイニング（ウエスタン）の４種類を認定している（一般的ではないものの、パラ馬車も認定されている）。

各競技はそれぞれ世界大会が開催されていたが、１９９０年に統合して第１回大会として開催されることになり、〝馬術競技大会の祭典〟といった性格を強める。２０１０年には初めてヨーロッパ以外の国で開催され、そのアメリカ・レキシントン大会からは、パラ馬場馬術も同時開催となる。その時は全８競技に約８００人もの選手が出場したが、出走馬もそれに応じた頭数になるし、当然、それだけの人と馬を受け入れる会場スペースと、宿泊施設等が必要になってくる。約２週間の大会期間中の開催地は、町中がまさに馬一色のお祭りムードに包まれることになるわけだ。この点が、馬術の他にもたくさんの競技が行われるオリンピック・パラリンピックとは、決定的に違うところだと言える。

欧米の馬文化に対する憧憬と深い畏敬の念。そうしたものを馬術競技の世界に触れることで知ってしまった以上、世界選手権特有の独特な雰囲気を味わってみたい。満英と裕美子は、強くそう思ったのだった。

2022年は総合馬術とエンデュランスの2競技がイタリアで開催されたため、デンマーク・ヘアニング大会は障害馬術、馬場馬術、パラ馬場馬術、軽乗の4競技の開催にとどまったが、それでも世界中から様々なホースマンが馬の町に集い、技を競うことに変わりはない。自分たちの馬術競技生活の集大成として、ぜひ体験したい大会だった。


そして大会の性格とは別に、もうひとつ――。

ヨーロッパでの競技生活をずっと支えてくれたオランダの師匠、ミランカ・シェレケンスへの〝恩義〟というものもあった。

リオ・東京の2大会連続パラリンピックへの出場。これはミランカの牧場の馬でヨーロッパの大会を転戦し、着々とポイントを重ねたことで実現したようなものだった。それは牧場スタッフたちの協力なしには成し得なかったことでもある。

ミランカの牧場スタッフはアットホームで、オランダ滞在中は「家族同然」の待遇を受けた。空港の送り迎えに始まり、ヨーロッパ各地の遠征先への移動の際も、馬運車の運転はミランカ自らが引き受けてくれた。滞在中に満英が（本当の）誕生日を迎えると、サプライズでパーティーを開いてくれたりもした。

また、コロナ禍になって渡航制限された時は、送金する際の手続きの煩雑さから、馬の預託料を滞納する形になったが、「今度来る時でいいから」と、心良く受け入れてくれた。結果として１年以上、支払いが遅れてしまうことになった。どれだけ世話になったか、迷惑をかけたかわからない。

それなのに、である。東京大会には最終的に、ＪＲＡＤが〝日本チーム〟として用意したチャーマンダーで臨むことになった。もちろん、ミランカには事情を説明し、経緯を理解もしてくれた。が、大会終了後、当の満英と裕美子の方には、「長年お世話になった恩を返せずにいる」という思いが強く残った。パラリンピックという大舞台で入賞できたことも、余計にミランカへの申し訳なさを募らせる一因になった。

「もしザンダボーイで同じような結果を残せていたら、きっとミランカも誇らしかっただろうに……」

だからこそ、パラリンピックが終了して、翌年の世界選手権出場を表明した際に、ミランカの牧場の馬で挑戦する旨を、かなり早い段階でＪＲＡＤに伝えたし、後日、チームメイトの稲葉将、高嶋活士が引き続きＪＲＡＤからの貸与馬（それぞれエクスクルーシヴとヒュゼットビーエイチ）に騎乗することが発表になった時にも、動揺することはなかった。

〝世界選手権出場〟とともに、〝オランダの師匠への恩返し〟も、二人が「やり残したこと」のひとつだったのだ。

東京パラリンピック後も新型コロナウイルスの影響が残る中、慌ただしい日々が1カ月ほど続いた2021年10月中旬。ようやくオランダに行く時間が取れると、早速現地へ向かい、ミランカに東京パラリンピック大会の報告と、今後のプランについて相談する。そして翌年の世界選手権に向かう意志を伝え、そのためのスケジュール等を確認した。もちろん、預託料はきちんと精算したうえで。

まず最初にやらなくてはならないのは、新たにコンビを組む馬の選定だった。デンマークでの世界選手権へアニング大会には、東京でコンビを組んだチャーマンダーとは別の馬で臨むのだから、ポイントを再取得しなくてはならない。東京パラリンピック前に結果を出していたザンダボーイも有力候補の一頭だったが、改めてミランカが用意した候補馬も含めた新パートナー選びは、満英との相性を見ながら慎重に進められることになった。

東京パラリンピック終了時点の満英は、ＦＥＩ発表のグレード別世界ランキングで、トップランカー入りを果たした。自分のクラブから胸を張って送り出そうというミランカにも、いつも以上に気合が入って当然だったに違いない。この時の滞在期間中には結論が出ず、判断は年明けに持ち越された。

パラスポーツの魅力

怒濤の2021年が終わりを告げ、新しいチャレンジが始まる2022年が明ける。新しい年は、穏やかにスタートした、はずだった。

1月末に横浜で開催された『第5回ホースメッセ』のトークショーに夫婦で招かれ、翌日にはパラリンピックのチームメイト4人が揃ってのトークセッションにも登壇した。2月に入ってからは、すぐに山梨の大木のもとでトレーニングを再開し、徐々にピッチを上げていく。

世界選手権に向けた新しい取り組みとしては、オランダから帰国後の12月頃からリズムトレーニングを取り入れた。音楽に合わせて身体を動かし、力の強弱のつけ方、スムーズな体重移動や体幹そのものを鍛える、といった内容のものだった。

客観的にここまでの満英の競技会での成績を見ると、一般的に高得点率をマークしやすいフリー演技で、もうひとつ数字が伸びない傾向がある。東京パラリンピックのプレシーズンだった2020年11月。本番と同じ馬事公苑で開催された第4回全日本パラ馬術大会で、チームテスト、個人戦と高得点率を出して連続優勝しながら、最終日のフリーでの51・367%という目を疑うような数字が象徴的だ（この時は、演技に使用する楽曲用のスピーカーから流れる大音量にオロバスが過敏に反応し、パニック状態に陥ったという理由があったのだが）。

パラ馬術の世界に身を投じた当初のヨーロッパでの修行中は、音楽に合わせたトレーニングの前にやるべきことがあって、そもそもフリー用の練習に取り組むことが後回しになっていた。それも影響していたろう。とはいえ、ひとつの種目だけ極端に得点率が低いことが、大会を通した成績にムラを生じさせることになると、審判員には決していい印象を与えないから、それだけでも次の試合のマイナス要因になってしまう。ヨーロッパを転戦する場合、試合はその日だけではないのだ。

つまりルーティンワークとしてリズムトレーニングを採用したのは、「リズム感がもうひとつ」という満英の、ある意味で弱点を克服するという狙いがあった。

そしてこのリズムトレーニング。麻痺の残る身体全体の筋肉が硬直するのを防ぎ、柔軟性をキープするという純粋なリハビリ面の効果も期待できた。だが、そもそもこの〝純粋なリハビリ運動〟に触れる時、改めて満英と裕美子の日々の生活パターンとして特筆しておかなくてはならないことがある。早朝からのマッサージ、ストレッチ運動は、60歳も半ばになる現在でも、ほぼ毎日欠かさずに続けられているということだ。

満英の発病は２００５年。以来、急性期のリハビリ入院を経て自宅に戻り、06年からスタートした回復期のリハビリ生活中は言うまでもないが、馬術競技を始めて以降はさらに入念に、精度を上げて行われるようになる。試合に向けたトレーニングの日々は当然として、オフの日も、取材や講演、トークショーなどで忙しいさなかでも、使用する器具を宿泊施設に運び込んで、休まずに続けられてきた。こうしたルーティンワークの徹底ぶりも、トップアスリートに共通する行動パターン（資質と言い換えてもいい）のひとつと言えるだろう。そのメニューのひとつにリズムトレーニングが加わった、ということだ。それに並行するように、ここにきてバランスボールを使ったエクササイズも取り入れた。パラ馬術競技のためなのか、リハビリの効果を見込んでなのか、そのどちらも求めてのことなのか。いずれにしても、この飽くなき探求心と実行力は、本当に〝執念〟と呼べるものだろう。

「ホンマにもう、ほとんど毎日です。前の晩に友達とちょっと深酒しても、翌朝6時前には起きて、ストレッチやら軽い筋トレを取り入れた運動やら、時間をかけてやってますから。いろんなところに行って、馬に乗って試合に出る、って目標があったからこそ続けられたんやろうと思いますけど、やっぱり一人じゃ無理やったやろなあ。でもこれを毎朝続けてきたから、こうして元気でおられるのかもしれませんもんねえ。やってきて良かったんやと思います。競技を引退したら、続けられるか自信はありませんけど」

そう、パラアスリートがたった一人で、これらのことを実行するには想像を絶する困難さが伴うだろう。つまり、パラアスリートにはサポーターが、それも生半可ではない〝強力なサポーター〟がどうしても必要になる。〝強力なサポーター〟の存在の有無については、健常者のアスリートにも同じような部分はあるかもしれないが、単純な比較はできまい。

満英には裕美子がいた。しかし、そうした素養を持った〝妻〟が、どこにでもいるわけではないだろう。単に満英がラッキーだった、で済ませていいのかどうか。このことをさらに突き詰めて考えた時、パラスポーツの本質的な部分がおぼろげながらでも見えてくる。すなわち、競技者本人と、サポートする様々な人々との関係性、絆といったものが、どのように育まれ、醸成され、構築されていくのか。また競技者とサポーターそれぞれが、実戦を通してともに成長していく過程を窺い知れる競技世界の奥深さ。

そして、ここが肝要なのだが、そこでの結果は二の次であることも含めて……。

これらはパラスポーツの、ほんの一端に過ぎないことかもしれないが、大きな魅力のひとつである、と言えるのではないだろうか。

再発

２０２２年の２月末から、オランダに渡る直前の４月にかけて、ほとんど毎週のように山梨の大木のもとに通ってトレーニングを積んだ。リズムトレーニングの効果も実感できるようになり、馬上の姿勢はもちろんのこと、麻痺している右半身をうまく使えないため、苦手意識を拭えずにいた右回りから左への方向転換の際の重心移動もスムーズになってきた。そうした自信を胸に、４月中旬、２０２２年になって初めてのオランダへ旅立つ。

ところが、いざ入国してみると、馬の伝染病がオランダ国内で流行。大会に参加するための獣医による検査が遅れたため、やむなく４月末に予定していたベルギー・ワレヘム大会をキャンセルすることになる。しかし、ちょうど日程が開いたそのタイミングに、もう一頭の馬と出会うことになる。

ミランカの乗馬クラブに、ある個人オーナーが趣味として所有し、イスラエルの選手に貸与している馬がいた。その選手が競技から引退した後、オーナー自身がクラブで乗っていたのだが、その時に落馬して負傷してしまう。患部が股関節だったため、その後の騎乗が困難になったことで手放すことになり、ミランカが譲り受けることになるわけだが、もともとクラブにいた馬だから、以前から満英も馬の様子は見て、知っていた。

そこでミランカが、ワレヘムの大会をキャンセルしたこの時がいいタイミングと捉えて、満英とのマッチングを試みた。チャーマンダーに似たオットリとした気性の持ち主で、動きそのものも悪くない。満英にも手応えがあった。

その馬が18歳の騸馬フライライトだった。

「気性がおとなしく、自分に合うと思いました。造りも歩様も良かったですし」

と満英は第一印象を振り返る。

「スケジュール通りやったら、ワレヘムの大会はザンダボーイで参加する予定でした。それがちょっとしたアクシデントで時間ができたことで、フライライトと出会えたんです」

もしワレヘムの大会に出ていたとしても、フライライトになったかもしれない。が、とにかく二人は、こうしたアクシデントをプラス思考で捉える。

オランダ国内のローカル戦を何戦かこなした後、コンビを組んで初めての国際大会となったドイツ・マンハイム大会でチームテスト63・788％、個人戦64・166％でそれぞれ6位。乗り替わったばかりだからフリーは振るわなかったが、それでもメドの立つ結果だったのではないか。

「内容的にはまだまだな感じでした。フリーももうひとつパッとしなかったし」

と自己分析は厳しかったが、一方で、「コンビを組んでから初めての世界大会やったこと思ったら、まあまあやったかな」という手応えはあったし、そう悲観するところはなく、「一旦日本に戻って仕切り直した来月になれば」と前向きになれる要素も少なくなかった。

ところが、ドイツからオランダに戻って、さあ日本へ帰国する準備を、と思っていた矢先に事態が急変する。新しい馬とのコンビで今年最初のヨーロッパ遠征を無事に終えることができて、フゥとひと息ついた頃だった。

それまで普通に話していた満英の発語が、突然、怪しくなった。

「え？　どうしたんよ？」

裕美子が驚いて満英の顔を見ると、麻痺した右側の口から涎《よだれ》がこぼれていた。

不吉な予感が頭をよぎったが、意識はしっかりしていたし、横になって呼吸を整えると、すぐに症状は落ち着いた。

とはいえ発病から17年目。初めてと言っていい異変に動揺しないはずがない。ここ数日の過ごし方から、思い当たるところもあった。

ミランカの牧場のあるオランダの北ブラバント州ベストから、ドイツのマンハイムまでは車で5時間ほど。現地集合時刻は午前9時頃で、逆算すると1時には起床して朝のストレッチ等のルーティンワークをこなさなくてはならなかった。3時に出発して7時過ぎに現地に到着。満英の競技開始は夜になってからだったが、会場にはタックルーム（選手控室）は用意されておらず、疲れた身体を休めるスペースも、また時間もなかった。しかも演技開始が近づくと、トイレの使用頻度を考慮して、普段よりも水分を摂ることを控え目にしてもいた。それらのファクターがすべて悪い方に影響したのだと推察した。

5月8日に日本に帰国。フライト中は何事もなく過ごし、コロナウイルス感染対策のための自宅待機期間も特に異変はなく毎日を送ることができた。しかし、この後、再度オランダへ飛び、6月のクローネンベルグ大会、7月にはベルギーのフローテ＝ブローゲルでの試合に出場しなくてはならない。最終的な代表選考の結果が出る2戦だけに、わずかな不安もない万全の状態で試合に臨みたい。そう考えた二人は淡海医療センター（旧・草津総合病院）に出向いて緊急外来を受診した。

当番医として在院していたのは、「これがまた不思議な縁で」（裕美子）、17年前に満英の手術を担当した松村憲一医師だった。

ＭＲＩの検査を終え、画像を見た松村医師からは、

「軽い脳梗塞を起こしたようです。ごく小さい梗塞の痕《あと》は見られますが、現在は言葉も普通に出ていますし、日常生活を送るのに大きな支障はないでしょう。でも、決して油断はなさらないように」

との説明を受けた。

楽観視はできないけれども、松村医師の表情に17年前の悲壮感はなく、ひとまず心は落ち着いた。しかし、言われるまでもなく、これからはますます年齢を重ねていくばかり。体調チェックと管理は手を抜けない。二人揃って肝に銘じた。

その後の数日間は毎日のルーティンワークと並行して満英の体調チェックを入念に行い、「特に問題なし」の判断で5月下旬から騎乗してのトレーニングを再開。6月中旬にはオランダに渡り、予定通り世界選手権出場のための最終選考会に挑むことになった。

まず17～19日はオランダ国内のクローネンベルグ大会。

初日のチームテスト62・576％（7位）、2日目の個人戦で63・431％（6位）、3日目フリーで64・056％（7位）の得点率が出て、ひとまず基準ポイントをクリア。数字としてはまだまだ伸びしろが感じられる内容だった。

それを実証してみせたのが、6月30日～7月2日ベルギーのフローテ＝ブローゲル大会。

初日のチームテスト63・586％（7位）、2日目の個人戦は63・725％（8位）。そして3日目のフリーでは68・311％（5位）の高得点率をマークした。

〝再発〟の不安を乗り越え、２０２２年馬術世界選手権デンマーク・ヘアニング大会の代表入りが確定した瞬間だった。

涙の果てに

最終の選考会が終わって一旦、帰国。束の間の休息を取って、７月末に改めてオランダに飛び、ミランカの牧場で最終調整に入る。引き続きフライライトとのコンタクトは良好で、満英自身の体調も問題なかった、というよりも、すこぶる「いい感じ」に仕上がった。

「いつもならトレーニング中にミランカの大声が飛ぶんです。ちょっとでも動きが悪かったり、甘い乗り方でもしようもんなら〝ミッツー、ミッツー〟て、凄い怒った声の連呼になるんですけど、この時はそれがほとんどなかったんです。珍しいくらいでした」

と裕美子も認める。

８月５日にデンマーク・ヘアニングに移動。予定していた空路ではなく、陸路での移動になったが、馬にも騎乗者にも特に大きな問題はなく、緒戦となる８月10日の個人戦には、万全の態勢で本番に臨むことになる。

「結構、やれるんちゃうかな？」

そう思えるくらいの感覚だった。

ところが、好事魔多し、ではないけれども、えてして不安材料が少ない時ほど、落とし穴が潜んでいるものなのだった。

個人戦の経路は、変則的にチームテストの経路が採用された。これについては特に違和感を抱くことはなく、「平常心で競技に向かうことができた」という。演技そのものについては、ところどころ動きに活気が感じられないでもなかったが、

「まずまずやったかなと思います。もう少し点数は出ると思いましたけど」

と満英。

このあたりが採点競技の難しいところで、細部については審判員の配置されている位置で見え方や印象が変わってしまうし、それこそ印象を言うなら、競技内容についてのアピール度の感じ方も人それぞれに違う。それが大前提であることは個々の選手も十分承知しているし、その意味では〝条件〟は同じである。

ともあれ、個人戦の得点率は64・848%。14人馬中12位。

数字面で満足はできないものの、反省点を踏まえたうえで、団体戦に向かう心の準備はできていた。

が、2日後の8月12日。

「何が何だかわからなくて」

という異変が起きる。

入場して停止からの常歩運動へ。スムーズに演技を進めていたが、二倍係数がつく項目の〝停止→後退〟のところでフライライトが反抗。普段はあまり見せないことだったため、若干の動揺が走るが、その後の常歩と速歩の反復運動は無難にこなした。ところが、速歩の歩度を伸ばす部分で気負ったフライライトの頭が上がって駈歩が出てしまう。直後の移行部分でも体勢を取り戻すのに手間取ってしまった。

「右半身の感覚がまったくなくて、途中で鐙に右足がガッチリ入ってしまった。それでずっと馬の脇腹を蹴るような感じになって、馬が興奮して気勢がついたんだと思います。情けないやら、馬にもチームメイトにも申し訳ないやらで、泣きたくなるような気分でした」

本当に泣いてしまったのが裕美子だった。

コマンダーとして指示を出そうにも、次から次へと制御不能に陥るアクシデントが続いて、どのタイミングで次の指示を出していいのかわからない。数秒間ではあったが、「頭の中が真っ白」になった。

その後は何とか落ち着きを取り戻し、三湾曲（方向の違う半円を続けて描く運動。輪の数が3個の場合を指す。〝へび乗り〟とも）以降の演技ではしっかり持ち直したが、本来のリズムを完全に崩してしまった部分の演技は、項目不実施のためジャッジの評価は1～2点にとどまり、さらにその後の移行部分は0～3点という点数がついてしまう。

結果、得点率は53・294％。14人馬中13位。

アリーナを退場してきた満英とフライライトを出迎えた時も、厩舎エリアに向かう時にも、裕美子はどう声をかけていいのかわからない。いや、声をかけるも何もなかった。

「完全なパニック状態で、何も考えることができませんでした。頭を整理するなんて余裕はまったくなかったです。そういうところに意識がいってませんでしたね。プレスのインタビューが始まってからも、〝なんで今そんなことといろいろ聞くの？　今はなんも考えられへんよ〟と思うばっかりで。何をどう答えたのか全然覚えていません。馬術競技を始めてから、それまでで一番ひどい精神状態でした」

インタビューが終わって、プレス用のボードの裏側にあるスペースに下がると、堪えてきた感情を抑え切れなくなった。嗚咽《おえつ》まじりに号泣した。

〝泣く〟、〝笑う〟といった感情的な行動が健康を保つ素因となり得ることは、しばしば論じられている。特に精神医療の現場では、脳に与える影響として、副交感神経の働きやホルモンの分泌量等、科学的な検証をもとにした議論が続けられている。

そうした中の、ひとつの仮説になるのだが、「極度のストレス」や「疲労の解消」という点については、〝笑う〟よりも〝泣く〟ことの方がリセット効果が大きいのではないか？　そう思える場面に出くわすことがある。裕美子の2度のケースがそうで、満英が病気で倒れて昏睡状態に陥っている時、そして今回と、〝大泣き〟したことで気持ちが劇的に転換している。

「終わった直後はね、本格的に乗馬を始めて8年くらい経って、いろんなことを経験してきて、それでこの結果じゃ、どれだけやってもアカンな、とか思ったんです。だけど恥ずかしいくらい人前で泣いて、ちょっと落ち着いたら、そんなはずはないな、何でああなったんやろ、って。なんか不思議なことが起きたように思えてきて……」

とことん楽しむはずだった世界選手権の舞台で、それまでの歩みを、自分たちで全否定してしまったかのような結果になってしまった。だが、そんなはずはない……と。

宿泊先に戻った後、競技映像をじっくりと見直した。すると満英の右足がブーツの踵付近まで鐙の輪の中に嵌まり込み、フライライトが反抗した動きを見せた時に大きく体勢を崩すと、さらに馬の方がガツンと行く気になって制御が利かなくなった。普段はそうした動きをしない馬だっただけに、満英にも想定外だったのだろう。明らかに身体全体が強張った動きになってしまった。すると余計に負担をかけることになって、馬もますますパニックに陥ることになる。

「その一連の動きが減点のほとんどやったんです。他の部分は無難にこなしてて、項目によっては6とか6・5くらいの高い点がついてましたし。あれさえなければという感じで、落ち込むことはないな、と思えたんですよね」

帰国後に、すぐに大木にも映像を見てもらった。

「どんな馬でもガツンと行って、頭を上げることくらい、当たり前にやるんだから。そこで慌てふためくことはないの。フライライトは体勢が低いから難しいところはあるんだけど、平気な顔してやり過ごしてれば良かったのさ。場合によっちゃ止めるくらいの勇気も必要なんだよね。〝おっとっと〟から始まって、次々に連鎖していくものだから。うん、その前後の動きはまったく悪くないもんね。まだまだプラス要因はありますよ。結局、普段からの馬とのコミュニケーションの問題だったんでしょう。乗り始めてからの時間も短かかったんだもの。ダメなところはダメだったと認めるとしても、そんなに落ち込むような内容ではないですよ。時間をかけて信頼関係を結べることさえできれば何とかなるんじゃないですか」

さらに続けて、

「宮路さんはね、本当に〝馬運〟がいいんですよ。リオの時だって、本番の数カ月前にオキーが故障したと思ったらバンデーロが現れて、東京の時はＪＲＡが用意したチャーマンダーと、とっても相性が良くって。それで今回がザンダボーイから急きょ替わってこのフライライトでしょ。ミランカの努力であったり、人脈とかお付き合いの仕方とか、いろいろ要因はあるんだろうけど、それにしたってそんなそんないい馬は出てきてくれないって」

明快な意見を言ってくれて、そのうえ思いがけない誉め言葉を師匠からもらって、恐縮するとともに勇気が出た。

勇気？

言うまでもない、２年後を目指すか否かの結論について、である。

新しい思いを抱いて

２０２４年のパリオリンピック・パラリンピック大会。馬術競技の会場はベルサイユ宮殿の馬場が予定されている。

「憧れますよね」

東京パラリンピック大会終了後、進退を問われた時に裕美子が口にしていたことだ。だが結論として、そこを引き際に選ぶとは言わなかった。そして悲願だったヨーロッパでの世界選手権出場を果たし、改めて自分たちの〝これから〟、という段階にきた。東京パラ終了後とは違って、65歳となった満英が、約7年間サポートを受けていたＩＴ企業「セールスフォース・ジャパン」を定年退職し、また、脳梗塞を発症した現在、ということも踏まえて……。

「家族だけでなく、いろんな方に迷惑をかけてきましたし、いつまでも自分たちのことを優先させてていいものなのか」

という思いもあった。

満英自身も「とりあえず世界選手権までは現役続行」を口にしつつ、「やれるところまでやってみたいと、それは思いますよ。だけど以前のようにはいかないことが少しずつ増えているので……」

と慎重に言葉を選んできた。正直なところ満英は、

（ヘアニングでの世界選手権が最後になるんちゃうかな）
と考えているフシもあった。本人の身体についてのこと。これればかりは周囲がどんなふうにやきもきしようと理解できることではない。

しかし――。

ヘアニングのメイン会場であるスタッテリアスク・スタジアムで味わった悔しい思いは、久しぶりに身体の底から湧き上がってきた感情だった。もちろん、裕美子も同じだった。二人の闘志に何度目かの火がついたことは確かだった。慎重に、ひとまず頭を冷やして、さらに慎重に二人で数日話し合ったが、世界選手権の内容には、どうしても納得できなかった。そのうえで、

「あと2年、頑張ろう」

という結論に達した。

〝あと2年〟という時間の括りは、要するにパリパラリンピック大会を目指す、ということである。

ただ、それがいかに困難を伴うかは二人が一番良くわかっている。自国開催で出場枠のあった東京大会とは事情がまったく違うからだ。

まず、ＪＲＡＤの強化指定を得るためのアプローチ方法からしてこれまでとは違ってくる。事実上の拠点を置くのがオランダだけに、新型コロナウイルスが今後どのように社会に影響を

与えるのか、自分たちの生活にどう関わってくるかは気になるところ。具体的には、仮に２０２０年のような海外渡航制限が出た時に、日本の国内大会だけでどう戦っていくのかは大きな課題になる。

さらに若手選手たちの成長ぶりが目覚ましいうえ、少しずつ裾野が広がるパラ馬術の世界に、新たに参戦してくる選手も出てくる。本人が自覚している通り、満英も2年後の大会は満年齢で66歳。数えだと67歳で迎えることになるだけに、自身の体調の問題も、これまで以上にシビアなものになりかねない。

簡単に言ってしまえば、パリ大会を目指すとはいっても、出場が叶わない可能性も否定できないのだ。

「世界選手権で納得がいかなかったのは、ふがいない結果もですけど、自分たちがやってきたことは、はたしてどんなものだったんだろうか、ということなんです。それをもう一度見直したい、って言うんかな。病気になってからパラ馬術と出会って、それこそ真剣に取り組んで、運良くリオパラリンピックに出られました。東京でのパラリンピックにも出してもらいました。それなりに経験を積んで迎えた世界選手権だったでしょう。もっとちゃんとやれたはずなんやないか、あんなんで終わってええんやろか、と思って。もちろんパリ大会には出たいですよ。でもダメかもしれません。けど、出る出ないやなくて、自分たちが馬術にどう向き合って、取り組んできたかを、パリを目指す過程で再確認したいと思ったんです。次の世代のパラ馬術界を引っ張る選手たちも見届けたいと思いますしね」

ここで口にした〝あんなんで終わってええんやろか〟は、2005年の7月8日、満英が脳内出血で倒れた直後に裕美子が感じたことと重なる。

〝ここで終わってたまるか〟

その思いを、その強さを、あの日のそれと比較することはできない。ただし、考え方の方向性としては、まったく同じである。

そして満英も続ける。

「出場はしたいです。でも、それだけやない。たとえ出られなくても、納得する形で終わりたいんです」

諦めが悪いのではない。結果を問わず、二人が納得がいくまで戦いたいのだ。それはパラスポーツの原点でもある。

いってみよう、やってみよう

デンマーク・ヘアニングでの世界選手権が終わり、失意のなかで帰国した数日後、昔からの仲間が集まって「慰労の会」を催してくれた。二人が結果に満足していないだろうことは、当然、仲間たちもわかっていた。また、その仲間たちにも、どこか燻った思いがあった。しかし、進退の話題になった時に、これまでの二人の努力を間近に見てきて、そのうえさらに「頑張れ」とは言いにくかった。それぞれが言葉を選んで確認するのを考えていたその時。

「すんません、ごめんなさい。もう少し頑張らせてもらいます」

夫婦で出した結論を、満英がそんなふうに告知して、その場に居合わせた皆が破顔した。引き際についての〝覚悟〟はとうにできている。「それでもなお」の思いを、何年も前から支え続けてきた仲間は理解した。

そして、その〝現役続行表明〟の後、少しアルコールが回ってきた頃のこと。ヘアニング大会期間中の、宿泊先でのエピソードを満英、裕美子のどちらからともなく話し始める。

「初日の個人戦（得点率64・848％）が終わって、その翌日の夜なんですけど、にんにくを食べはったんです。この人、にんにくは大好物なんやけど、ミランカが嫌いなもんやから、向こうに行ったらいつもは食べられへんのですよ。それがデンマークに行ったらあったもんやから、それはもう喜んで喜んで。いい加減にもうやめとき、っていうくらい食べはったんですよ。そしたら……」

照れくさいやら自分でも可笑しいやらで、言葉を途切れ途切れに、でも一所懸命に後を続けた満英。

「夜、寝れんようになってしもたんです。世界選手権に出られて嬉しいのと、無事に初日を終えられてホッとしたのとがあって、そこへ久しぶりににんにくを食べられて、なんか興奮したんかな。止まらんようになって。ベッドに入ったら身体が火照《ほて》って、熱く感じられて。まったく寝れなくなった。食べ過ぎました」

翌日のチームテストが53・294％。完全な寝不足状態だったのだろうか。オランダ滞在中の満英の飲酒は、ミランカがきつく禁止している。彼女はシドニーパラリンピック金メダリストのヨープ・ストッケルのコーチ時代、前日の夜、酒を飲み過ぎてトレーニングに遅れて来たヨープに向かって、「帰れっ」と突っぱねたというエピソードも持っている。今回の〝にんにく事件〟を耳にして、すぐに、

「ノー・ガーリック！」

満英の禁止事項に、にんにくを追加したのは言うまでもなかった。

ちなみに、ヨープのエピソードを続けると、激怒するミランカを無視してその日のトレーニングを開始し、師弟関係を解消することはなかった。そしてその後、シドニー個人戦の金メダルにつなげるのである。

ともあれ、この〝にんにく事件〟を、単なる笑い話で済ませるのか、それとも世界選手権の敗因の〝秘話〟めいた話として扱うのか、悩ましいところだったが、本人たち、ケロッとして、意外なところでネタにする。

２０２２年の10月に満英が満65歳を迎えて、サポートを受けていた「セールスフォース・ジャパン」を定年退職すると、当然、競技活動のための資金繰りは厳しくなる。その一方で、会

社に気を使わずに済むようになったことから、テレビ、ラジオの出演や、講演の依頼には自分たちの判断で、積極的に応えられるようになった。

そこへ舞い込んできたのが、高校生を相手にした講演だった。「自分たちの歩んできたこと」を基調に、「障がい者として福祉面の話なども織り込んだ講演を」というオファーだった。クライアントは地元、草津市の光泉カトリック高等学校。指定された講演日まで2カ月ほどあったため、準備する時間も十分にある。断る理由はどこにもなかった。

講演タイトルは、

『出会いが大事、いってみよう、やってみよう』

と銘打った。

1、2年生を対象に、聴講する生徒は約700人。案内された広い講堂にいた生徒は20人ほどだったが、残りの生徒はタブレット端末を使い、それぞれの教室で聴講するスタイル。校舎全体が静まり返っているなかで、調教助手時代に始まって、発病後のリハビリ、リオと東京のパラリンピック大会のことを画像を紹介しながら話した。障がい者の当事者としては、障がい者に対しての気さくな声がけを推奨した。その講演で、直近の世界選手権でのエピソードとして、ヘアニングでの〝にんにく事件〟を紹介したのだった。

「うまいこといったかな」

講演が終わって口にした裕美子。話した内容についての出来栄えを気にしているのかと思い

きや、

「オンラインやったからか、もうひとつウケが悪かったんちゃうやろかと思って」

65歳のパラアスリートとして、自分たちが直面している問題は、「どこ吹く風」とでも言わんばかりにマイペースで飄々としている。

競技を離れると、ごく普通の穏やかな日常が続いている。

時の流れに移ろいゆく日々

1981年に結婚し、2005年7月8日に発病。その後に再び馬に跨ったのが銀婚式の年の2006年で、初めて世界レベルの大会に出た2011年は真珠婚式（結婚30年）の年。2016年は珊瑚婚（同35年）でリオパラリンピックに出場し、結婚40周年のルビー婚を迎えた2021年は、1年延期されたことによって東京パラリンピック出場と重なった。裕美子は「ほぼ5〜6年周期で劇的なことが起きてるんですよ」と笑う。次の5年はどんなことが起きるのか。

満英の発病から20年近くが経とうとしているのだから、さすがにいろんな景色の移り替わりを実感させられるようになってきた。それは時の流れとして、避けられないことだ。

銀婚式を迎えた2006年は、裕美子の両親の金婚式の年でもあり、一緒に北海道に旅行に

「慰労の会」に集まってくれた仲間たち。後列左から赤祖父清克、山本高之（TCC japan 代表取締役）、田村隆光、石野賢

光泉カトリック高校で、生徒を対象とする講演も行った

行って、お互いの健康を祝った。満英との結婚を反対した父も、リオパラリンピック大会出場を喜んでくれて、その姿を確認して安心したのか、２０１８年2月に、穏やかに亡くなった。母の方も２０２１年に、こちらは1年の延期で東京パラリンピックでの晴れ姿を見せることは叶わなかったが、慌ただしいスケジュールの間を選んでくれたかのように旅立って、最期を看取ることができた。

若草診療所で長く便宜を図ってくれた宮原健一郎院長も定年を迎えるし、リハビリ期間中、もっともお世話になった理学療法士の石野賢も、若草診療所を離れて独立を考える頃合いとあって、いつまでも甘えてばかりいられなくなる時期がきているようだ。大木からトレーニング中にかけられる声も、弟子入りした10年前からすると、随分と穏やかになった。確実に時は流れている。

そうだった。滋賀と山梨。トレーニングのためこの移動を定期的に続けることに、自分たちの身体がいつまで対応できるかどうかも、これから切実な問題になってくるだろう。

しかし、そうしたことを寂しく感じることも、あまり意味のないことなのかもしれない。

終章

新たな出会いの待つ未来へ

２０２１年の東京パラリンピック大会が終わった後、あるインタビューで次の目標を聞かれた裕美子は、まずヘアニング世界選手権を挙げ、そして以前から考えていたプランを口にした。

「競技から離れたら、やってみたいこともぎょうさんあるんですよ。２０２５年に滋賀で国体（国民スポーツ大会・全国障害者スポーツ大会）が行われるんですけど、県の障害者スポーツ協会に、ボッチャの振興に力を入れてはる人がいらして。実は私らもボッチャの講習会に参加したりして、お世話になった人なんですが、お手伝いをさせてもらおうと思ってるんです。パリパラリンピック大会の翌年ですから、これはもう〝必須〟ですね（〝しがスポーツ大使〟としても外せない〝仕事〟だ）。パリ大会に出られるかどうかはさておいても、本当にゆっくりするのは、２０２５年の国体の後になると思います。将来的にはパラ馬術に限らずに、やっぱり馬に関われたらええなあって思いますね。せっかく私も馬に触れるようになったし、おとなしい高齢馬やったら、自分らにもお世話することができるかなって思って。それこそ角居さんのところみたいな施設（養老馬専門の牧場）やったら、手伝えるんちゃうかなって」

これを横で聞いていた満英、

「それええな。賛成。オレも行くわ」

「あんた何すんの？　手も足も動かへんやん」

「何言うねん。ほら、水桶。ちゃうちゃう、こっちやこっち。寝ワラはこうして……そうそう。エサはそこに……とか何とか言うて、その都度、指示出してやれるやん」

「身体動かすん全部ウチやんかっ！」

相変わらずの、それこそ『宮川大助・花子』ばりの夫婦漫才を繰り広げる。

〝セカンドバースデー〟（２００５年７月８日）以降の、二人三脚で過ごした人生を振り返ると、満英、裕美子には共通した思いがある。

「すべては〝出会い〟やと思ってます。いろいろありましたけど、やっぱり私らはラッキーでした。たくさんの人に支えてもらえて、節目節目でその都度、重要な出会いがありました。本当に出会いなんです。そのためには、やっぱり内にこもらずに、外に出て行かんとアカンと思うんです。そこに行ってみて、やってみるんです」

満英が続ける、話し終える前に涙ぐみながら。

「振り返ってみると、あの時に出会ってなかったら、自分らはどないなってたか……みたいな人ばっかりなんですよ。こればかりはもう本当に、感謝しかないです」

将来が定まらない青年期に方向性を示してくれた最初の師匠たち。職場の仲間たち。発病当日に当直だった開頭手術の専門医。リハビリの急性期の〝同士〟に、続く回復期に徹底的に支えてくれた理学療法士。異国の地のマラソン大会で言葉を交わした芸人夫婦。パラ馬術の手ほどきをしてくれた山梨とオランダの師匠、そして、それぞれの牧場（乗馬クラブ）の仲間たち……。

47歳で脳卒中に倒れた後、満英の〝次から次へ〟の行動パターンは、元気だった頃にも増して執拗になったわけだが、スキー、マラソンに始まって、大阪城リレーマラソン、神戸リレーマラソンなど、自分が直接参加しないイベントの応援にも出向き、夫婦で積極的に人前に立つことで、様々な人たちと出会った。それまでの自身の歩みをたどるように、全国の競馬場にも足を運んだ。その過程で広島県福山市を訪ねた時にも、実践的なホースセラピーに出会い、新しい〝仲間〟を増やすことにつながっている。

こうした自分たちの経験を踏まえて、実感として「出会いがすべて」と言っているのだ。その中にはもちろん、本人たちの出会いそのものも含まれる。そして、そうしたことこそが、二人の〝生きがい〟になっていると言っていいのだろう。

山あり谷ありの人生を送りながら年齢を重ね、2023年秋には満英は66歳を迎える。その時65歳の妻、裕美子との夫婦揃っての先行き、将来について、思い煩ってみてもなるようにしかならない。〝出会い〟の大切さを胸に、笑顔を絶やさず、前を向いて一歩、そしてまた一歩、を繰り返すだけだ。

それもこれも二人が健康でいられればこそ、である。

――2023年3月某日。

パリパラリンピック大会出場を目指し、ヨーロッパでの選考基準ポイント取得のための遠征を、数日後に控えた日の午前5時。早春の朝はまだ明けきってはいない。

洗面台に向かう裕美子を待たず、満英が首、肩を回し、柔軟運動で身体をほぐし始める。

ストレッチポールを敷いて仰向けになり、自重をかけてしっかり後背筋を伸ばす。

ゆっくりと腰を右に捻《ひね》り、左に捻り。

麻痺のある右足から屈伸運動を入念に、左足に替えて同じ運動を入念に。

上体を起こして両肩の柔軟運動から腹筋を使って上下動。

その動きに合わせてリズミカルに息を吐く。

フッ、フッ、フッ、フッ……。


目の前に裕美子がいる。

ミランカの牧場で宿泊に利用している厩舎の馬房

おわりに

1997年の初夏。隣り町にある総合運動公園の室内プールを利用していた時のこと。車いすの男性が、付き添いのトレーナーとやってきて、自由遊泳のスペースでウォームアップを始めた。最初は特に気にするでもなく、遠泳用のレーンをマイペースで平泳ぎで流していたら、しばらくして後方からかなりの勢いで追い上げてくるスイマーが視界に入ってきた。左に寄って「お先にどうぞ」の姿勢を取ると、力強いクロールであっと言う間に追い抜かれて呆気に取られていると、隣のレーンに折り返してきた彼とすれ違う時に、左の太腿から下の欠損に気が付き、車いすの彼だということがわかった。障がいを抱えたアスリートを、私が初めて身近に〝体験〟した瞬間だった。

その日以来〝障がい〟に対する認識、意識の持ちようがはっきりと変わることになる。

まず〝パラリンピック〟という大会の見方が変わった。2005年に長野で行われたスペシャルオリンピックス（知的発達障がい者の競技会）冬季世界大会を現地観戦した後には、パラスポーツの競技会に限らず、障がい者による芸術活動等にも興味を抱くようになった。

しかしそもそも35年間、専門紙の記者として関わった〝競馬〟そのものが、落馬事故などによって障がいを抱えることになるアスリートが少なくない競技だった。本編中で触れたように、その対象となるアスリートはもっぱら〝騎手〟なのだが、調教スタッフの心臓や脳疾患が原因となるケースもあって、障がいにつながるような事故が起きるのは、必ずしもレース中に限ったことではない。

そうした調教スタッフの一人が、リハビリの過程で馬に再会し、馬場馬術でパラリンピックを目指しているニュースを知ったのは２０１６年の春。そして見事にリオパラリンピックへの出場を果たしたのが本書の主人公、宮路満英その人だった。

初めてお会いしたのは２０１６年11月３日木曜日の「文化の日」。〝馬に感謝する日〟と銘打ったイベント『サンクス・ホース・デイズ』が、東京の馬事公苑で開催された日だった。競馬専門紙の編集業務の流れとして、木曜日に美浦を離れることはタブーだったが、無理を言って取材に行かせてもらった。宮路さんは栗東トレセン所属の元調教助手で滋賀在住。茨城の美浦トレセン周辺が主な仕事場である身では、なかなか接点の持ちようがなく、従来の行動パターンを取っている場合ではない、と思ったからだ。

実際に会ってみて、まず驚いた、というよりも軽く感動したのは、本人も、支え続けた裕美子夫人にも、まったく暗いところが感じられなかったことだ。先に「障がいに対する意識の持ちようが変わった」と書いたが、やはりある種のステレオタイプな偏見が、実は残っていたのかもしれない。

どういうリハビリを行ったのか。馬術競技にアプローチした動機は。パラリンピックに向かう過程でのハードルは？　等々……。用意した質問をどこまで口にできたか、正直なところ覚えていない。そこで改めてお二人に話を聞かせてもらう日々が続くことになるのだが、取材を重ねるたび、その都度、驚きのエピソードとともに「出会い」の重要性が語られる。そうした中で「必ずしもパラリンピックだけが目標ではない」と聞いた時に思い到った。

「このお二人の話というのは、〝どう生きたか〟ではなく、〝どう生きるか〟の話になるのではないか」

それがお二人の話を書き記したい、という動機になった。


昔からお二人を知る皆さんを差し置いて、宮路さんご夫婦の「半生記」のようなものを自分ごときが書いていいものだろうか、という思いは拭えなかったが、だからこそ、その気になってからは、徹底的に密着させてもらう形を取らせてもらった。取材の過程で埋めることができなかった重要なピースがあるとすれば、コロナ禍でヨーロッパ遠征に帯同できなかったことくらいではないか、と思う。

その一方で、できるだけ客観性を失わないようにも心掛けたつもりだ。うまくいったかどうかはわからない。お二人とやりとりしたこの数年間で、自分のこれからの人生において、多くの、かけがえのない様々な学びを得られたと思うから。

その意味では、私自身がお二人との「出会い」に感謝しなくてはならない。

本書は35年勤めたケイバブックを退職後、『週刊競馬ブック』誌上に連載させてもらった「～パラリンピアンは元調教助手～宮路満英選手笑顔の挑戦」の内容を大幅に加筆修正したものだ。文字数にして5倍弱の分量になったので、ほとんど別作品のようになった。競馬専門紙の元編集者にしては、競馬に関する用語説明が大味な印象を持たれる向きもあるかもしれないが、本作のテーマとは違うから、ということでご容赦願いたい。

ともあれ、元トレセン関係者が主人公とはいえ、競馬とは直接関係のない記事を12週にわたって連載させてもらったことは有り難かった。前の職場とはいえ、ケイバブック社にはこの場を借りて感謝申し上げる。

そして退職する旨を報告した際に、「出版化を目指してみては」と背中を押してくれた元朝日新聞記者の有吉正徳さんにお礼を言わなくてはならない。彼が三賢社の林さんとの「出会い」をくれなかったら、本書は日の目を見なかった。本書の完成日は私にとっての『セカンドバースデー』になったと思う。改めてデザイナーの西さんを含めたスタッフの皆さんに、心よりお礼を申し上げたい。

２０２３（令和５）年3月17日。

車いすテニスプレーヤーの国枝慎吾さんが、パラスポーツ選手として初めて国民栄誉賞を受賞した。パラスポーツが日本社会に広く認知された証だし、パラスポーツ界の将来的にも、大きな一歩として刻まれたに違いない。ひいては障がい者福祉といった面でも、まだまだ多くの課題を残すとはいえ、一筋の光を指し示すことにつながっていくかもしれない。その末席のところで、本書が障がい者とその家族の生き様を提示するひとつの事例として、微力ながらでも貢献できるのなら、これ以上の喜びはない。

最後に、本書を手に取って、ここまでお付き合いいただいた皆さまと出会えたことに、心よりの感謝を申し上げて終わりの挨拶にしたいと思う。ありがとうございました。

２０２３年5月吉日

和田章郎

・参考文献
『調教師名鑑Ⅳ』（中央競馬ピーアール・センター）
『馬事・馬術用語事典』手塚光麿・編著（採鑑社）
『定年ジョッキー』内藤繁春（アールズ出版）
『週刊競馬ブック』（ケイバブック）
『競馬四季報』（サラブレッド血統センター）

・取材協力者（順不同、敬称略）
ＪＲＡＤ（日本障がい者乗馬協会）
医療法人社団 湖光会 若草診療所
社会医療法人 誠光会 淡海医療センター
学校法人 聖パウロ学園 光泉カトリック高等学校
水口乗馬クラブ
乗馬クラブ「リファイン・エクインアカデミー」のみなさん
中嶋千秋
ペンション〝ＭＡＬＡＩＫＡ（マライカ）〟

・写真提供
ＪＲＡＤ（日本障がい者乗馬協会）
正木徹
宮路裕美子

和田章郎　わだあきお

1961年福岡市生まれ、三重県で思春期を過ごす。早稲田大学社会科学部卒業後、競馬専門紙ケイバブックで編集者、取材記者として記事作成、コラム等を担当。定年退職を機にノンフィクション作家の道へ。コラム、エッセイも手がける。スポーツ全般を対象に、メイン、サブ双方のカルチャー系題材を幅広く扱う。著書に芦毛のダービー馬ウィナーズサークルを取り上げた『吹けっ！白い風』(主婦の友社)。共著に『アイドルホース列伝』(星海社) 他。

やってみたらええやん　パラ馬術《ばじゅつ》に挑《いど》んだ二人《ふたり》

2023年6月20日　第1刷発行

著者　和田章郎

発行者　林 良二
発行所　株式会社 三賢社
〒113-0021　東京都文京区本駒込4-27-2
電話　03-3824-6422
FAX　03-3824-6410
URL　https://www.sankenbook.co.jp

印刷・製本　中央精版印刷株式会社

ISBN978-4-908655-24-1 C0095

名馬を読む シリーズ

名馬と、その馬を支えた人びとの物語

・クモハタ
・セントライト
・クリフジ
・トキツカゼ
・トサミドリ
・トキノミノル
・メイヂヒカリ
・ハクチカラ
・セイユウ
・コダマ
・シンザン
・スピードシンボリ
・タケシバオー
・グランドマーチス
・ハイセイコー
・トウショウボーイ
・テンポイント
・マルゼンスキー
・ミスターシービー
・シンボリルドルフ
・メジロラモーヌ
・オグリキャップ
・メジロマックイーン
・トウカイテイオー
・ナリタブライアン
・タイキシャトル
・エルコンドルパサー
・テイエムオペラオー
・ディープインパクト
・ウオッカ
・オルフェーヴル
・ジェンティルドンナ

名馬を読む

江面弘也 著

定価（本体 1700 円＋税）